教師1年目からうまくいく！

道徳授業の教科書

森岡健太

JN199900

学陽書房

道徳科の授業にモヤモヤを抱え、難しさを感じているあなたへ

「道徳の授業って難しい」

この本を手に取ってくださった方は、きっと一度はそう考えたことがあるのではないでしょうか。

実は、私も初任の頃は道徳科の授業が難しくて、本当に毎回のように悩んでいました（今でも昨日のように思い出せます……）。

授業前日には、不安すぎて、必ず先輩に相談をするようにしていました。時には、先輩の授業を見学させてもらうこともありました。

それから道徳科授業を学び続けて……時が流れること十数年。

今では、道徳科授業のコツをつかみ、こうして書籍が出せるまでになりました（あの頃から考えると信じられない話です！）。

道徳科の授業は、コツさえつかめば本当に楽しいもので、子どもたちが目に見えて成長していくのを実感できます。

- 「具体」で語り、「抽象」で思考ができるようになる
- 自分の本音を友達に向けて語れるようになる
- 友達の考えをじっくりと聞けるようになる
- 考えを聞いた上で比較できるようになる
- 自己と向き合う力がつく

道徳科の授業を通して、このような力が育まれていきます。

さて、先輩となった今。今度は、私がかつての先輩からのバトンを引き継ぎ、みなさんにコツを伝える番です。本書は、みなさんが抱えている悩みを取り上げて、それに回答する形式で進めていきます。

一からわかる授業づくり、子どもが生き生きとする授業の方法、盛り上がる話し合いのコツなど、さまざまなテーマを盛りだくさんでお届けします。

　なお、本書はみなさんが抱える悩みをよりイメージしやすいように、教師1年目、教師2年目、そして私「森岡健太」をキャラクターとして設定し、会話をする形式で進めています。ぜひ、その会話に混ざっているつもりで読み進めてください。

本書に出てくる登場人物紹介

けんた（筆者）
[道徳教育推進教師]
道徳科の授業をするのが大好きで、よく後輩の相談に乗ってくれる頼もしい存在。

まなと
[教師1年目]
右も左もわからない1年目。まずは、基本から学びたいと日々勉強中!

みちこ
[教師2年目]
1年目で担任をもっていたが、道徳科の授業に苦戦していた。やる気は十分!

　本書がみなさんの授業づくりの「お守り的存在」となり、授業のたびに先輩に相談する感覚で見返すような書籍になることを願っています。
　さぁ、それでは道徳科の授業お悩み相談会の幕開けです!

森岡　健太

CONTENTS

CHAPTER 1

ここを押さえればうまくいく！
道徳授業の基本の「き」

CHAPTER 2

「難しい」「不安」がなくなる!
道徳授業づくりの基本の流れ

CHAPTER 3

本気・夢中がどんどん加速する！
道徳授業の展開術

子どもも教師もどんどん夢中になる！
道徳授業の話し合い活動

CHAPTER 5

ポイントがリアルにつかめる！
定番教材の
道徳授業実践ガイド

ここを押さえればうまくいく！

道徳授業の
基本の「き」

1

「考え、議論する道徳」は難しくない！

道徳の授業が難しくて、悩んでいます……。
「考え、議論する道徳」がいいっていうのは聞いたことがあるんですが……。

そもそも「考え、議論する道徳」っていうのは、どういうイメージなのかな？

う〜ん……議論だから……自分の考えをしっかりともった上で、主張に基づいて、意見を戦わせて……。
あれっ？　わからないなぁ。

ふむふむ。どうやら「考え、議論する道徳」というのを難しく考えすぎているような気がするね。
「考え」というところは、イメージしやすいかもしれないけれど、「議論する」というのは確かにイメージしにくいよね。
どんな授業イメージをもてばいいのか、一緒に考えてみよう！

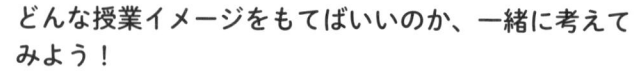

● あえて「考えない、議論しない道徳」をイメージしてみる

「考え、議論する道徳」を理解するために、あえて「考えない、議論しない道徳」についてイメージしてみましょう。

「考えない」とは、教材を表面的に捉え、決まりきった答えだけを言う授業のことです。「議論しない」とは、心の奥底で思っていることがあっても、それを表現しない授業のことです。

このように捉えたとき、これを裏返すと「考え、議論する道徳」がどのような授業かが見えてきます。

「考える」というのは、「決まりきった答え」や「いい子ちゃんの答え」を出すのではなく、自分の心の奥底に眠っている価値観に向き合うことです。「議論する」というのは、自分の根底にある価値観をしっかりと表現し、友達と伝え合うということになります。

つまり、誰かに決められた「正解」を探るのではなく、自分なりに納得できるような解を探るのが道徳科の授業の本質だと言えるでしょう。かしこまって、堅苦しい話し合いにならないように気をつけていきたいものです。

● 「議論する」に込められた意味とは？

「議論する」という言葉を、もう少し紐解いてみましょう。

「議論する」とは、教師が特定の価値観を教え込むのではなく、子ども同士で、価値観を語り合う中で、思考を広げたり、深めたりするプロセスであると捉えてください。「議論する」という言葉を難しく考えすぎずに、クラスのみんなでフラットにおしゃべりするというイメージで捉えてみるといいでしょう。

ADVICE!

ついつい、授業では「正解を伝えなくては」と考えがちですが、道徳科の授業には正解がありません。肩の力を抜いて、授業を楽しみましょう。

2

授業づくりのモヤモヤを解消！

けんた先生！　明日、道徳の授業をすることになった
のですが、何から準備したらいいのか全然わからない
からモヤモヤしています……。

おっ！　いよいよ授業だね！　確かに、何から準備し
たらいいのか迷うよね。

私は、指導書の通りに授業をすることが多いのですが、
うまくいかないことが多くてモヤモヤしています。難
しいなぁと……。

みちこ先生は、去年も道徳の授業をがんばってやって
いたよね。
若手の先生が指導書を活用するのは、大賛成です。で
も、指導書を真似するだけではうまくいかないときも
あるよね。
なぜなら、指導書と子どもの実態が合っていないとき
があるからなんだよ。
では、どうしたらいいかというと……

● 授業づくりのために用意するもの

　授業を行う際、教師用指導書（以下、本書では指導書と略）を活用することには、大いに賛成です。指導書には、授業の流れや板書計画が載っていて参考になることがたくさんあります。

　しかし、指導書が目の前の子どもの実態に合っていないこともあります。なぜなら、指導書は全国の教師が使いやすいように「平準化」されたものだからです。

　そのため、指導書にプラスして「教科書」「学習指導要領解説」「教材研究用ノート」を準備して、教材研究したことを少しでもノートに残していくようにしましょう。

● どんな授業をしたいのかイメージしておく

　また、いきなり授業づくりから始めるのではなく、まずはどんな授業をしたいのかというイメージをふくらませることが大切です。

　例えば、「子ども同士で話し合いがつながっていく授業」「あっという間に感じるくらい夢中になれる授業」「心の底から本音で語り合える授業」など、自分の理想を思い描いてみてください。

　その理想を実現するには、どうしたらいいだろう……そうやって考え続けていくことが授業上達の秘訣です。

　次に、クラスの実態に目を向けます。すると、指導書に書いてある「児童の反応」とうまく噛み合わないところが見つかってきます。「ここはもう少し話し合いを深めたい」「ここの発問は削ってもいいかもしれない」と、少しずつ指導書をクラスの実態に合わせてカスタマイズするイメージで見ていきましょう。

ADVICE!

指導書は大いに活用していきましょう。ただし、目の前の子どもたちの実態に合っているかを一度考えてみることが大切です。

3

授業は一緒に
「悩み」「寄り添う」ことが大切

この間も授業がうまくいかなかったんですよ。指導書に載っていた、「親切は見守ることが大切」って言葉を引き出したかったのに。

ふむふむ。どうして、その言葉を引き出したかったのかな？

指導書にそう書いてありましたし、「何かをやってあげるだけが親切じゃない」ってことに気づいてほしかったんです。
最終的には、私がまとめ黒板にそう書きました。

なるほど。確かに、「親切は見守ることが大切」という言葉が子どもたちから出てきたら、指導書通りで安心するよね。
でも、授業は、指導書通りに進むことが大切なことではないんだよ。
もしかしたら、みちこ先生は授業の中で「教えてあげよう」という意識が強いのかもしれないね。まずはその意識から変えてみよう。

● 教えてしまいがちなあなたへ

授業を行う中で、「教師が大切なことは教えてあげなくちゃ」という意識が働いていないでしょうか。

特に道徳科の授業では、その意識を変えることが大切です。そもそも道徳科には、知識が定着したかどうかを測るペーパーテストはありませんし、教科書の内容を覚える教科でもありません。

道徳科の授業は、子どもが自分の中にある価値観に向き合い、心の中にあるダイヤモンドを磨いていくようなイメージで行います。

心の中のダイヤモンドは、教師の発問を受けて考えることや友達の考えを聞いて考えることで磨かれていきます。

● 「正解がない」のが道徳科のいいところ

教師が子どもたちに繰り返し伝えたいことは、「いい子ちゃんの答えを言わなくていい」ということです。私はよく「あなたの言葉で語ってね」と子どもたちに声をかけます。

黒板に書く言葉も、「指導書に書いてある言葉」や「かっこいい言葉」である必要はありません。子どもたちの生の声を大切にして、書いてください。

もう一つ大切なことは、子どもたちと一緒に「悩み」、子どもたちに「寄り添う」ことです。「友情って何だろう」「親切ってどういうこと」という問いの答えを教師が教えるのではなく、ぜひ一緒に悩んでください。子どもたちは、教師が一緒に悩む姿を見て、「正解がない」ことをより実感し、考えるようになります。悩み、寄り添う姿勢を大切にしましょう。

ADVICE!

指導書を参考にしつつも、指導書通りにいかないとダメだという意識は変えていった方がいいでしょう。何たって道徳科に正解はないのですから。

4

指導書を
じっくりと読んでみよう

けんた先生が指導書を見た方がいいってアドバイスを
くれたから、指導書を見て授業してきました〜。

おっ！　早速、指導書を活用しているんだね。どう
だったかな？

授業の始まる前に、5分間読んだのですが、授業の流
れがわかってよかったです。

ちょっと、待って！　私は5分だったら全然読み切れ
ないなぁ……。

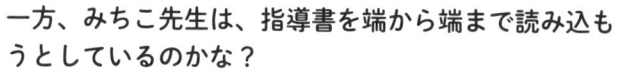

5分だと、すべて読み切るのは難しそうだね。もしか
したら、まなと先生は、「授業の流れ」のところだけを
見ているのかもしれないね。
一方、みちこ先生は、指導書を端から端まで読み込も
うとしているのかな？
では、指導書の活用についてレクチャーしよう！

● 指導書の「ねらい」に目を向けてみる

　みなさんは、指導書を活用しようとするとき、どの部分を見ているでしょうか。おそらく、授業の展開や板書例の部分を見ているのではないでしょうか。

　もちろん、これらのところを見るのも悪くないですが、**セットで確認してほしいところは教材の「ねらい」です。**

　ねらいの文末は、次のいずれかになっています。

　「〜心情を育てる」「〜判断力を育てる」「〜意欲を育てる」「〜態度を育てる」。**これらの「〇〇を育てる」の〇〇の部分は「道徳的諸様相」と呼ばれます。**

　例えば、教材のねらいの文末が「〜な心情を育てる」となっていれば、「心情を問い、共感を促す展開」になるでしょう。「〜な判断力を育てる」なら、「道徳的な判断を迫るような展開」が必要です。このように、ねらいによって授業の流れが変わってきます。

　最初のうちは、難しく感じられるかもしれないですが、「ねらい」を確認して、意識することを繰り返してください。そうすることで、次第に「ねらい」を意識した授業ができるようになります。

● 一番考えさせたいところをふくらませる

　「ねらい」を確認したら、次に「一番考えさせたいところはどこか」に着目しましょう。通常、これに該当するのは指導書でいう「中心発問」の部分になります（◎などの印がついていることが多いです）。中心発問は、他の発問よりもたっぷりと時間をかけ、話し合いを深めるというイメージをもっておきます。

ADVICE!

指導書を使うときは、「ねらい」と「一番考えさせたいところ」を意識するようにしましょう！　それが授業の上達につながります。

5

授業は「型」×「型」でできている

けんた先生！　この間、指導書を目の前の子どもたちに合わせてカスタマイズするって言っていましたけれど、どうすればいいのでしょうか？

おっ！　よく覚えていたね。みちこ先生は、指導書のカスタマイズについてどう考えるかな？

私は、「役割演技」に挑戦することがあります。その方が、子どもたちの話し合いが生き生きとすることがあるからです。

いいね！　子どもたちの実態に合わせて授業展開を考えられていそうだなぁ。
例えば、スタバに行くと、コーヒーとミルクの割合を変えたり、ホイップを足したりすることができるよね。授業に置き換えると、話し合いの時間の長さを変えたり、方法を変えたりすることに当てはまるかもね。他には……

● 「型」を組み合わせてカスタマイズしてみる

先輩の授業を見ていて、「どうやったらこんなにうまくいくのだろう」と思ったことがありませんか。**授業の展開は難しく考えがちですが、実は「型」と「型」の組み合わせでできています。**

以下に一例を示します。

発問		板書		学習活動
・登場人物の心情を問う ・登場人物の行動を問う ・登場人物の考えを問う ・テーマそのものを問う ・ストーリーを問う		・対比、比較する ・挿絵の活用 ・心情の変化を意識する ・縦書き／横書きで書く ・言葉をつなげて広げる		・ICTの活用 ・役割演技を取り入れる ・ホワイトボードの活用 ・ネームプレートの活用 ・話し合い活動の工夫

授業は大まかに言うと「発問」×「板書」×「学習活動」で成り立っています。細かく言えば「指示」や「教師の立ち振る舞い」なども含まれますが、まずはこの三つを子どもたちの実態や教材のタイプに合わせてカスタマイズしていきましょう。

例えば、自分の意見を表明するのが苦手な子どもたちが多い場合、ネームプレートを使って立場を表明する。登場人物の思いに寄り添うのが難しそうな教材なら役割演技（CHAPTER 3－7、3－8で詳しく解説します）をするなど、状況に応じてカスタマイズしていきましょう。

● 取り入れ方をカスタマイズしてみる

どの「型」を組み込むかを考えたら、次は「型」をどのように実践するかを考えます。例えば、役割演技をペアで行うのか、全体で行うのか。ICTは情報を示すために使うのか、共有のために使うのか。組み合わせ次第で、子どもたちをより惹きつける展開になります。

ADVICE!

まずは、どのような型があるのかを知りましょう。その上で、どの型を組み合わせていったらいいかを試していくことが授業上達のカギです。

6

まずは「一人の人間」として教科書を読む

「型」の組み合わせで授業ができているってわかったけれど、そもそもどうやって教科書を読み込めばいいのか悩むなぁ……。

教材研究をする上で、教科書を読み込むというのは避けては通れない道だよね。みちこ先生は、普段どのように読んでいるのかな？

いろいろなことを考えていますが……中心発問はどこかなとか、それ以外の発問はどんな感じにしようかな……ですね。

発問を考えながら読んでいるということですね。
もちろん、発問を考えながら読むのも大切なんだけれど、その前にやってほしいのが、「一人の人間」として教科書を読むっていうことです。
教材を読んで、自分がどう感じるか。そして、どこに引っ掛かるか。そういう感性を大切にした読み方をしたいものです。

● 素材研究を大切にする

　教材そのものを理解しようとする教材研究のことを、「素材研究」といいます。素材研究は、何も難しいことはなく、「一人の人間」として教材と向き合うことだと捉えてください。

　「一人の人間」として向き合うと聞くと難しく感じるかもしれませんが、そんなことはありません。いわゆる「教師モード」をいったん忘れて教材に向き合ってみましょう。

　なぜなら、子どもたちは教材に出会ったときに「ここを考えたら話し合いが深まるだろう」といった視点で聞いているわけではないからです（もしそんなふうに考えていたら、ちょっと怖いですね……）。

● 素材研究のコツ

　素材研究のコツをわかりやすい言葉で紹介します。**ずばり、コツは「へぇ〜！　すごい！」と「なんでやねん!?」です。**

　「へぇ〜！　すごい！」は教材に共感するところです。「自分だったら、この主人公のようには行動できないかもしれないけれど……本当にすごいな」といった共感ポイントを探します。

　「なんでやねん!?」は教材にツッコミを入れる感覚です。「いい話だったけれど、そもそもこんなこと言うのかな？」「いや、これはないなぁ。自分だったら違う行動をするなぁ」などとツッコミを入れていきます。

　実は、このように純粋に教材に向き合っていくと、それが発問となることもあります。まずは、素材研究を楽しんでみてください！

ADVICE!

まずは、「教師モード」を忘れてみましょう。そうすることで、純粋に教材を楽しんで読むことができます。すると、教材への理解が深まります。

7

次に「教師」として教科書に向き合う

 まずは、「一人の人間」として教科書を読むって、おもしろいですね。肩の力が抜けました。

 次は、どんな読み方をすればいいんですか？

次は「教師」として、教科書を読んでみよう。どんなことに気をつければいいかな？

 中心場面がどこかを考えて読むってことと、そこでどんな発問をするかってことですか？

おっ！ なかなかいいですね。中心を考えるというのは、どの教科でも大切にしておきたいことです。
私のおすすめの流れは、①「一人の人間として読む」、②「教師として読む」、③「指導書を片手に読む」の順番です。
いきなり指導書を開けてしまうと、自分で考える癖がつかないので、おすすめしません。

◉ 内容項目に関するイメージを広げてみる

「教師」として教材を読むときに意識したいことは、その教材で扱われている内容項目に着目することです。

例えば、「広い心」がテーマの教材を読んだとき、あなたは、どのようなイメージをもつでしょうか。「相手のことを何でも受け入れてあげる心」「怒っていても許してあげる心」など、さまざまなイメージが出てくることでしょう。

そのイメージを自分の言葉でノートに一文を書いてみてください。こうすることで、教材に対する理解が深まり、子どもたちの考えを広げたり、深めたりするときに力を発揮できます。

◉ ひとまず発問を書き出してみる

「中心場面はどこだろう」と探してから、「中心発問」を考える。授業づくりの一般的な流れでしょう。**ですが、あなたが自分で授業をつくる力を身につけることを目標にするのなら、まずは思いつく限りの発問をノートに書き出してみましょう。**

なぜなら、そもそも「中心場面」を問わない発問が中心になるかもしれないからです。「AとBの場面では、どちらの方が親切の気持ちが大きくなっただろう」「このお話を通して、主人公はどのように成長しただろう」という発問が中心発問になるかもしれません。

発問をたくさん考えていると、授業では使わない発問が出てくるかもしれません。**ですが、それは決して無駄ではありません。ここで考えた発問は、あなたの中に蓄積され、発問を考える力が確実についていきます。**

ADVICE!

教師として教科書を読むときには、「内容項目」と「発問」を意識しながら読んでみてください。1回目とは違った発見ができるはずです。

8

「発問」と「質問」の違いを徹底解明！

 発問ってどうやって考えたらいいか悩みます。授業の導入では、だいたい同じ発問をしますね〜。

お決まりのパターンがあるってことだね。ちなみに、どんな発問をしているのかな？

 「お話には誰が出てきますか？」と「どんな場面がありましたか？」というものですね。どんな教材でも使える万能な発問です。

ちょっと待って！　それは、「発問」ではなくて、「質問」だね。
「質問」は、教材の文章中に答えが載っていたり、答えが一つしかないようなものを聞いたりすることを指すよ。
「発問」は、教材の文章中には答えが載っていないようなもの……自分の心の中に自分だけの答えがあるものを問うことを指すよ。

● 「質問」をしている時間はもったいない

　道徳科の授業の中で、質問をすることはよくないことなのでしょうか。絶対にダメというわけではありませんが、**授業は45分間（中学校では50分間）しかありません。教材を理解するためだけに質問をしている時間はもったいないのです。**その分、子どもたちが話し合う時間が減ってしまいます。質問で教材理解を進めるのではなく、教材を読む前に「あらすじを伝える」、読みながら「挿絵を黒板に貼る」などの工夫で、スムーズに教材を理解させてあげましょう。

● その「発問」は「質問」になっていませんか？

　目の前に、右のようなりんごがあったとします。さて、発問をつくってくださいと言われたら、いくつ考えられるでしょうか。少し、頭の体操のつもりで考えてみましょう。

　「りんごはいくつありますか？」「りんごは何色ですか？」。これらは質問です。なぜなら、答えが「一つ」「赤色」と定まるからです。

　❶「あなたはりんごが好きですか？」

　❷「もしも、一生りんごを食べられないと言われたら？」

　❸「このりんごには、作った人のどんな思いがこもっている？」

　これらは、すべて発問です。❶は「好きかどうか」を問う発問、❷は「好きの度合い」を問う発問、❸は登場人物の思いを問う発問です。❶〜❸のように、その人しか答えられないことを問い、話し合いを豊かにしていきます。

　教材の文中にもインターネットにも答えが載っていないからこそ、発問をする楽しさがあるのです。

ADVICE!

「質問」は極力減らして、話し合いの時間を確保しましょう。「発問」は子どもたちが頭を悩ませるようなものを考えてみてください。

9 イメトレで授業の
レベルアップ！

 明日の授業、楽しみだなぁ。指導書を使いながら、少しカスタマイズしてみました。

 私は、発問をたくさん書き出してみたから、明日の授業、少し自信があります！

おっ！　2人とも、それぞれ自分に合ったやり方でがんばっているね。

 私はもう少しだけ、レベルアップしたいんですけれど、何をすればいいですか？

そうだね～。そうしたら、少し授業の「イメトレ」に挑戦してみようか！
発問をたくさん書き出すのは、スポーツでいうところの基礎トレーニングになります。素振りとかが当てはまるだろうね。
一流のスポーツ選手は、基礎トレーニングに加えて、イメトレを行っていると聞きます。
授業もイメトレでレベルアップできるよ！

● 授業をできたままにしておかない

指導書を活用して授業をするにせよ、自分のノートに教材研究をしてから授業をするにせよ、授業の流れが完成してから、もう一度頭の中でイメージをふくらませるようにしてみましょう。

イメトレのポイントは、三つです。①「時間配分」、②「流れの確認」、③「問い返し発問のイメージをもつ」です。

①時間配分について。最初のうちは、一つの発問に対して、どのくらい時間を割くかという時間配分をノートに書くようにしましょう。時間配分は余裕をもってトータル40分（中学校は45分）と5分ほど少なく見積もっておくといいです。

②流れの確認について。細かいですが、ワークシートはどのタイミングで配るのか、挿絵はどのタイミングで貼るのか、発問は画面に映すのか、それとも黒板に書くのかなども確認しておきましょう。

③問い返し発問のイメージをもつことについて。子どもたちが答えたことに対して問いを返す発問を、「問い返し発問」といいます。思考が深まるかどうかは、この問い返し発問があるかどうかで変わってきます。子どもの発言に対してどのようなことを返そうかなとイメージをしてみましょう（CHAPTER 4で詳しく解説します）。

● イメトレの精度を上げて、授業の精度を高める

イメトレの精度が上がると、授業の精度も高まります。 例えば、発問に対して、何人の子が答えるでしょうか。どの子がどんな答えを言うでしょうか。問い返したことに対してはどんな反応が返ってくるでしょうか。これらのことを細かくイメージしてみてください。

ADVICE!

イメトレを繰り返していると、子どもたちから予想外の答えが返ってきても臨機応変に対応できるようになっていきます！

10

評価って、どうすればいいの？

何となく、授業の基礎的なことがわかってきました。
ちなみに、評価はどうすればいいのでしょうか？

授業の基礎がわかってきて、よかったですね！
道徳の授業の評価は数値ではしないよね。

そうなんです。テストもないので、どうやって評価を
すればいいのか迷ってしまって……。

評価は、発言、ワークシート（ノート）の記述、役割演
技の様子などからしていくよ。
評価のためっていうわけじゃないけれど、普段から「振
り返り」を大切にしておけば、評価もつけやすくなる
ね。
「振り返り」はその１時間を学習して、子どもが自分の
内面と向き合って書くものなので、評価の材料になり
やすいんだ。

● 評価のポイント

　まず、前提として伝えたいことがあります。それは、評価の方法が自治体によって少しずつ異なるということです。学期ごとに評価を行うパターンや、通年で行うパターンがあります。また、通知表の書式によっては、文字数にも違いがあります。早いうちに確認するようにしてください。いざ評価をつける段階になってから、実は、自治体独自の書式があってたいへんだった……ということも起こりうるからです。

　これらの前提を踏まえた上で、基本的な書き方の例を示します。

> **[年間を通しての様子]**
> 年間を通して、道徳科の授業で○○の力をつけていました。

> **[特に活躍した授業]**
> 特に教材○○では、「子どもの記述」が見られ、「テーマ」について深く考えられていました。

　「年間を通しての様子」＋「特に活躍した授業」という書き方は基本となるので、覚えておくと役に立ちます。

● 評価でやってはいけないこと

　ここでの評価は、「道徳科」の授業の評価なので、普段の行いを評価するわけではないという点に注意が必要です。

　例えば、「友達が怪我をしたときに、保健室に連れていってくれました。」といった道徳的な行動に関する記述は、道徳科の評価には含めません。道徳科の評価は授業内での学習成果に基づくものであり、日常の行動や道徳性そのものを評価するものではないのです。

　どうしても記述したい場合は、総合所見の中で、生活場面の一部として触れるようにしましょう。

ADVICE!

自治体のガイドラインを確認した上で、「年間を通しての様子」＋「特に活躍した授業」という構成で評価をしてみよう！

ノイズを減らそう

「道徳の授業は、どうやったらうまくいくのか？」

こう考えて、ここまで読み進めていることだと思います。実は、「授業は授業が始まる前に、成否が分かれることがある」と聞いたら驚くでしょうか。

若手の授業を見に行くと、「ノイズ」が多いと感じることがあります。ここでいう「ノイズ」とは、授業を邪魔するモノと考えてください。

例えば、授業が始まっているのに、前の時間で使われていたスライドが画面に映し出されていることがあります。道徳科の時間なのに、算数科のスライドが映し出されていたら……気が散りますよね。

それから、黒板です。文字が消されていないのはもちろん困りますが、消しきれていないのも「ノイズ」になってしまいます。うっすらと見える、前の授業の字はきれいに消しておきたいものです。

後は、「音」です。せっかく感動的な話を読んでいるのに、窓が開いていて、外から準備体操の声が聞こえてきているとしたら、ムードが台無しになってしまいます。教科書を範読しているときは、窓を閉めるなど、音にも配慮したいものです。

こうして考えると、まだまだ「ノイズ」はありそうです。スライドの中に無駄に設定したアニメーション。教師の長すぎる説明。これらも「ノイズ」になってしまう可能性があります。

あなたが一生懸命考えた授業が、こうした「授業以外のノイズ」によって、うまくいかないのは嫌ですよね。

「美しいデザインは引き算で生まれる」という言葉があります。ぜひ、授業から「ノイズ」を引き算してください。

CHAPTER

2

「難しい」「不安」がなくなる！

道徳授業づくりの基本の流れ

1

教材研究ノートの書き方とは？

教材研究って奥が深いですね。
けんた先生は、ノートにどんなことを書いているんですか？

みちこ先生、良い質問です。
私がどうやって書いているかは、次のページで紹介するよ。

へぇ〜！　こうやって書くんですね。何か気をつけていることはありますか？

ノートは見開きで使うようにしているよ。ページをめくらずにすぐに確認することができるからね。
最初のうちは、全然思いつかずに書けないことがたくさんあると思う。そういうときは指導書を見ながら書いてみよう！
教材研究ノートを作ると、自分だけの財産になるよ。
授業力をつけたいと思ったら、ぜひ挑戦してみてね！

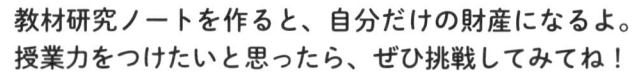

● 実際のノートの書き方

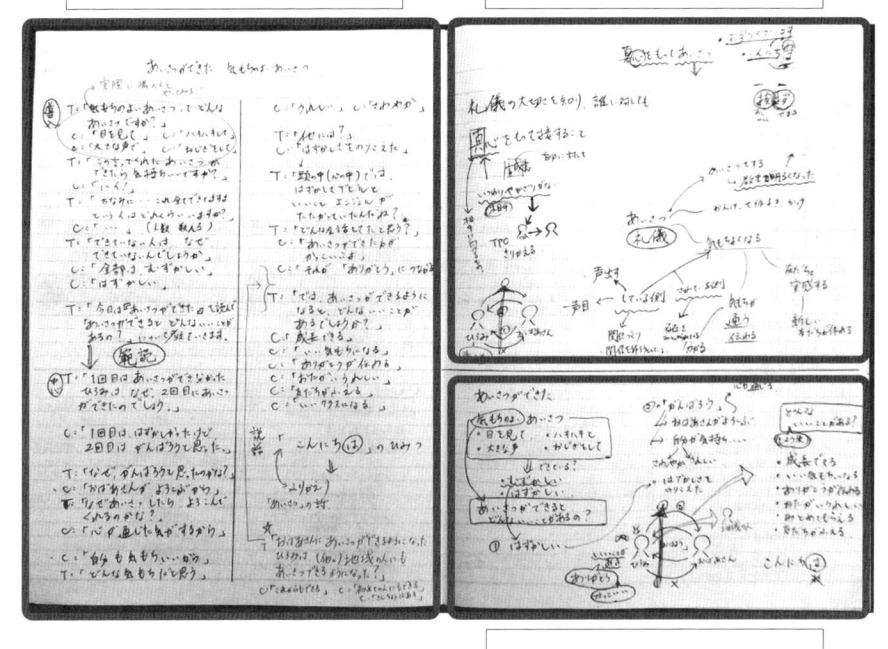

❷授業の流れ	❶教材・内容項目メモ

❸板書計画

〈ノートを書く流れ〉

❶まず、「一人の人間として」「教師として」教材を読んで感じたことや「内容項目」に関することを、右ページ上のスペースにメモしていきます。

❷次に、授業の流れを左のページにまとめます。「発問」「子どもの反応」「時間配分」「問い返し発問」などを書きましょう。

❸最後に、板書計画を立てます。何をどこに書くのか大まかに決めておくくらいで大丈夫です。

ADVICE! ━━━━━━━━━━━━━━━━━━━━━━━━

最初はうまく書けなくても大丈夫です。続けていくうちに、だんだん書けるようになっていきます！

2

「学習指導要領解説」を
相棒にする

 内容項目って、ちょっと難しくて何だかよくわからないなぁ……。

 確かに、「自由」とか「正義」とかって、大人が考えても難しいもんね。

自分なりに内容項目に対して考えることも大切だけれど、学習指導要領解説を使うとイメージしやすくなるよ！

 学習指導要領解説ですか!?　授業する前に読む時間なんてないなぁ……。

まなと先生、そう言うと思ったよ。
でも、安心して！　実は学習指導要領解説は見るポイントさえ押さえれば、読むのにそれほど時間はかからないんだ。むしろ、授業をつくるときの心強い相棒となってくれるんだよ！

● まずは学習指導要領解説のここを見る

〔第1学年及び第2学年〕
　うそをついたりごまかしをしたりしないで，素直に伸び伸びと生活すること。
〔第3学年及び第4学年〕
　過ちは素直に改め，正直に明るい心で生活すること。
〔第5学年及び第6学年〕
　誠実に，明るい心で生活すること。

(中学校)
〔自主，自律，自由と責任〕
　自律の精神を重んじ，自主的に考え，判断し，誠実に実行してその結果に責任をもつこと。

小学校学習指導要領（平成29年告示）解説「特別の教科　道徳編」の「内容項目の指導の観点」より「正直、誠実」の部分です。まずは、当該学年の部分を確認しましょう！

　学習指導要領解説には、発達段階に応じたねらいが記されています。例えば、「正直、誠実」をテーマにした場合、高学年では「誠実に、明るい心で生活すること」となっています。しかし、指導の際に低学年で扱う「うそをつかない」ということを高学年に適用してしまうと、指導内容がズレてしまいます。**発達段階に応じた学習展開を意識して授業をしてください。**

● もっと使いこなすには？

　各内容項目には、「内容項目の概要」の後に「指導の要点」があり、二つの段落で構成されています。「この段階においては〜」と「指導に当たっては〜」の部分です。**1段落目では発達段階について、2段落目では指導のポイントについて確認することができます。当該学年の部分だけならすぐに読めますので、習慣にするといいでしょう。**

ADVICE!

授業に必要なところのみの確認なら、3分もあれば見ることができます。
サッと確認して、授業のレベルアップを目指しましょう！

3

授業開きでワクワク感を演出！

 道徳の授業開きって、どんなことをしたらいいのか迷います。みちこ先生はどんなことをしましたか？

 普通に授業をしたなぁ〜。あっ、でも学習のルールは伝えたかな。あと、どんな教材があるのかを目次で一緒に確認したなぁ〜。

おぉ！　みちこ先生さすがだね！
学習ルールを確認しておくのは大切なことだよ。

 他には、どんなことを意識すれば授業開きがうまくいきますかね？　けんた先生は授業開きをどうしているんですか？

授業開きは、1年間の学習の見通しを立てる、とっても大切な授業だと思うんだ。
そこで、「ワクワク感」を大切にすることにしているよ。
子どもたちに「道徳って楽しいな」って思ってもらえたら嬉しいよね！

● ワクワク感を大切にする「間違い探し」

ワクワク感を大切にするために、さまざまな方法がありますが、私は最初に「間違い探し」を取り入れることがあります。

「この絵を見てね。よく見ると、間違いが見つかるよ」と間違いを探してもらいます。その後、「今、間違いを見つけられたよね。**こうやって『気づく』ことが授業の中で大切なことだよ。話を読んだときに、『道徳めがね』をかけて読めば、『道徳で大切なこと』に気づくことができるよ。ぜひ、見つけてみてね！**」と言って、教材の学習に入ります。

どうですか。少しワクワクしませんか？

● 「人とは違う」を実感する「虹」の話

他には、「虹」を描くという授業開きをしたこともあります。

みなさんは「『虹』を描いてください」と言われたら、どんな虹を描くでしょうか。

子どもたちが描く虹は、人によってそれぞれです。使う色の数や色を塗る順番は人それぞれですし、雲や山を描き足す子もいます。

その後、教室を歩き回ってお互いの虹の絵を見て回ります。すると、同じ「虹」を見ているはずなのに、人によって「捉え方が違う」ということがわかります。

「実は、道徳の学習も同じだよ。人は同じものを見ても捉え方が違う。だから、自分が素直に思ったことを大切にしてね。人と同じ考えである必要はないんだよ」と伝えます。

「人とは捉え方が違う」ということを疑似体験する授業開きでした。

ぜひ、試してみてください。

ADVICE! ―――――――――――――――――――――――

授業開きでは、「道徳って楽しいな」と思ってもらえたら100点です。難しく考えすぎずに、教師も楽しむ心を忘れずに！

4

導入は思考の「フック」である

 授業開きの話、聞いていてワクワクしました。ところで、日頃の授業の導入ってどうしていますか？

 私は、「経験」を問うことにしているわ。「これまで親切にされて嬉しかったことはありますか？」とかね。

みちこ先生、いいですね。他にはどんな導入が考えられそうでしょうか？

 他には、「教材への導入」っていう方法があるって聞いたことがあるけれど……どうやって「経験を問う」ことと使い分けるんだろう？

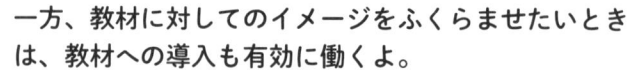子どもたちにとって、答えやすそうな経験……例えば、「親切、思いやり」「正直、誠実」「友情、信頼」などは、経験を聞いたらよさそうだね。
一方、教材に対してのイメージをふくらませたいときは、教材への導入も有効に働くよ。

● 導入で子どもたちの「考えたい」を引き出すしかけ

イメージしやすいように、実際の導入例を紹介します。

T:「先日、ラーメン屋に行ってきました。実はこのお店、おいしい高菜
や辛もやしが食べ放題なんだよ。いいでしょ！（写真提示）」

C:「おいしそう！」

T:「ところで、ここにこんなことが書いてありました。『ご自由にお取り
ください』……ということは、全部食べてもいい？」

C:「え～～～～！　それはダメ！」

T:「全部はさすがにダメか～。だったら半分ならいいかな？」

C:「半分ならいいんじゃないかな？」

C:「いや、半分も取りすぎな気がするなぁ～」

T:「『自由』って、実は曖昧だよね。今日は自由について考えよう！」

いかがでしょうか。**ポイントは、「生活経験」と結びつける**ことです。「あ
れ？　確かにこの言葉は曖昧だな」と感じさせることで、それが「考える
きっかけ（フック）」になります。

● 辞書を活用してみる

ところで、毎回経験に結びつけるのは難しいですよね。そこで国語辞典
を活用する方法を紹介します。

T:「辞書で『家族』を調べました。意味は、『同じ家に住み、血縁関係があ
るもの』でした。この説明に納得しますか？」

T:「家族って、同じ家に住んでいるとは限らないし、ペットだって家族
という人もいますよね。では、家族って何でしょうか？」

このように辞書の言葉を、道徳科の授業の導入に取り入れます。

ADVICE!

導入では、子どもたちが「考えたい！」となるきっかけになることを発問と
してみてください。授業が盛り上がりますよ！

5

発問の組み立ては
「易→難」を意識する

 いろいろ考えて、準備して授業に臨むんだけれど、何だかうまくいかないなぁってときがある……。

 みちこ先生！　僕もです。何だか、子どもたちが話し合いのときにシーンとしちゃって。気まずいなぁって思うときがあります。

 あるある。発問が少し難しすぎたのかなって思うんだけど、どうやって発問を組み立てるかは悩むところよね。

　２人とも悩んでいるようだね。実は、発問をどうやって組み込んでいくかには、法則があります。「易→難」の法則です。
授業の最初の方は、比較的考えやすい発問を投げかけていきます。そして、徐々に場が温まってきた頃に、じっくりと考えないと答えられないような発問を投げかけていきます。

● 発問の「易→難」の法則

下の図を見てください。発問のタイプによって難易度の分類をしました。

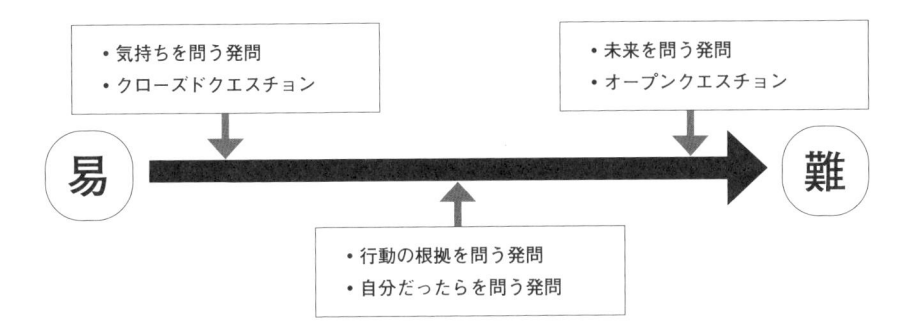

登場人物の心情を問う発問、クローズドクエスチョン（例えば、「親切なのはAですか？　Bですか？」などの二者択一の問い）などは、比較的答えやすい発問となります。

それに対して、「主人公がこうやって行動したのは、なぜだろう？」や「自分が主人公の立場に置かれたら、どうしているだろう？」などの発問は、先ほどの発問よりややレベルが上がります。

「親切にすることの大切さに気づいた主人公は、このお話の後、どうなっていくでしょうか？」やオープンクエスチョン（「そもそも自由って何でしょうか？」などと、多様な答えが予想される発問）は、難易度の高い発問となります。

絶対に「易→難」の順番に発問しなくてはいけないということはありませんが、この順番に発問をしていくと、話し合いが盛り上がりやすくなります。

話し合いが停滞して悩んでいるという方は、「難」の発問からやっていないかを確認してみてはどうでしょうか？

ADVICE!

発問の難易度を考慮して、発問の順番を考えてみましょう。クラスの実態に合った構成になると、話し合いが盛り上がりやすくなりますよ！

6

中心発問では
「ズレ」が生まれるようにする

だんだんコツがつかめてきたぞ！ 授業の中で、発問の難易度の高低を意識して流れを考えると、話し合いがうまくいくんですね！

おっ！ まなと先生、いい調子だね。他には、どんなことに気をつけるといいかな？

う〜ん。私は、中心発問のときに、子どもたちが話しやすいような発問にすることを心がけていますね。

みちこ先生もいいですね。中心発問では、子ども同士の考えに「ズレ」が生まれるような発問を意識してみましょう。
例えば、「立場を問う」発問は、「ズレ」を生じさせやすいと思うよ。「あなたが親切だと思ったのはAですか？ Bですか？」といった感じだね。他には……

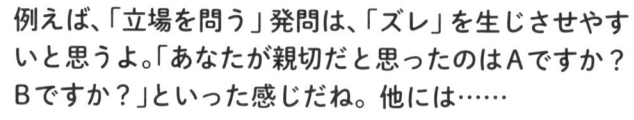

● 立場を問うことで「ズレ」を生じさせる

みなさんも経験があるかもしれませんが、自分とは異なる考えをもつ人に出会うと、その人の考えを知りたくなりませんか？

例えば、教材「絵はがきと切手」(『小学道徳 生きる力 4年生』日本文教出版) の場合、「あなたがひろ子の立場なら、正子に切手の料金不足を伝えますか？ 伝えませんか？」と発問することで、子どもたちはどちらかの立場を選ぶことになります。「料金不足を伝える」という立場を選んだ子からしたら、「料金不足を伝えない」という立場を選んだ子の考えを知りたいと思うわけです。

このようなズレの発生が、話し合いを活発にするポイントです。**意図的に、子どもたちの考えにズレが生じる発問を考えてみましょう。**

● 「ツール」を使って「ズレ」を視覚化させる

ツールを使って「ズレ」を視覚化させる方法も有効です。

黒板に数直線を書き、ネームプレートで立場を表明させるという手法です。「このお話に出てくる『自由』は、自由？ わがまま？ あなたの思う度合いのところに貼りにきてね」と声をかけます。

〈黒板の例〉

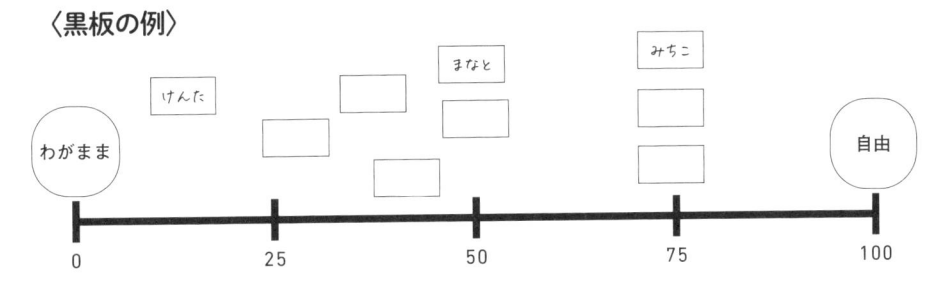

ネームプレートを使うと、誰がどの立場なのかがすぐにわかり、「ズレ」を確認しやすくなるのでおすすめです。

ADVICE！

立場を問い、「ズレ」が生じるような発問を意識してみましょう。立場は途中で変わってもいいことを伝えてあげてください。

7

思考を揺さぶる「問い返し発問」とは？

 発問の難易度、ズレ、いろいろ考えることがあるんですね。みちこ先生は、発問で何か意識していることはありますか？

 そうね……他には、子どもたちの考えが活発になるように「問い返し発問」を入れようと意識しているわ。

おっ！　問い返し発問を考えているんだね。どんなことを意識しているのかな？

 子どもたちの思考が揺さぶられるようにするといいって聞いたことがあります！

そうだね。問い返し発問は子どもたちにうんと悩んでもらい、思考を広げたり、深めたりするためにやっているものだものね。
問い返し発問を考えるときには、教師が少し「天邪鬼になる」っていうイメージをもってやればいいかもしれないよ。

● 天邪鬼になって問い返してみる

「天邪鬼(あまのじゃく)」って知っていますか。人が言ったことの反対を言う、少しひねくれているイメージのやつです。

例えば、子どもが「自然が大切だと思います」と発言したとします。ここで、ただ「なるほど。そうですね」と返すのはもったいない。「自然が大切」の一言だけだと思考は深まらないですよね。

そこで、次のように問い返していきます。

T：「そこまで自然が大切と言うなら、車には乗らないってことかな？　排気ガスを出すと自然を壊しちゃうもんね」

C：「いや、車には乗りますよ」

T：「あれ？　自然を大切にするって言うけれど、まったく人工のものを使わないってことじゃないんだね。だったら、自然と共生するにはどうしたらいいのかな？」

このように、子どもの発言を拾いながらも、天邪鬼になったつもりで問い返していきます。問い返されることで、子どもの中に迷い、考えを深める過程が生まれ、思考がどんどん深まっていきます。

● 極論で問い返してみる

子どもの答えに対して、あえて極論で問い返すのも一つの技です。

「友達が大切です」→「どんなときでも友達がいた方がいいのかな？」

「きまりが大切です」→「では、きまりを100個くらいつくって、すべて生活に取り入れた方がいいのかな？」

このように極論で問い返すことで思考を揺さぶり、対話を通して考えが整理されていきます。ぜひ、試してみてください！

ADVICE!

「なるほど」で話を終わらせずに、天邪鬼になって会話のラリーを続けるイメージで問い返し発問をしていきましょう。

8

板書の基本はどこに何を書くか

発問のことがずいぶんとわかってきたわ。
次は、板書のことが知りたいなぁ。

板書計画を作った方がいいって聞くけど、 なかなか
授業ではその通りにならないんだよなぁ。

授業が板書計画通りにいくのって、難しいよね。いや、
むしろならないことの方が多いかもしれないなぁ。

けんた先生でも、板書計画通りにはならないんですね。
では、何に気をつけたらいいですか？

あまり、板書計画通りにやらなくちゃって、思い込み
すぎないことがコツかもしれないなぁ。子どもの意見
によって、授業の流れが変わることもあるからね。
そういう意味では、板書計画はざっくりとで大丈夫だ
と思うよ。

● 板書計画をざっくりと立ててみる

　授業が板書計画通りに進むなんてことは、稀です。そのため、板書計画は細かく決めすぎず、ざっくりとしたものでも大丈夫です。

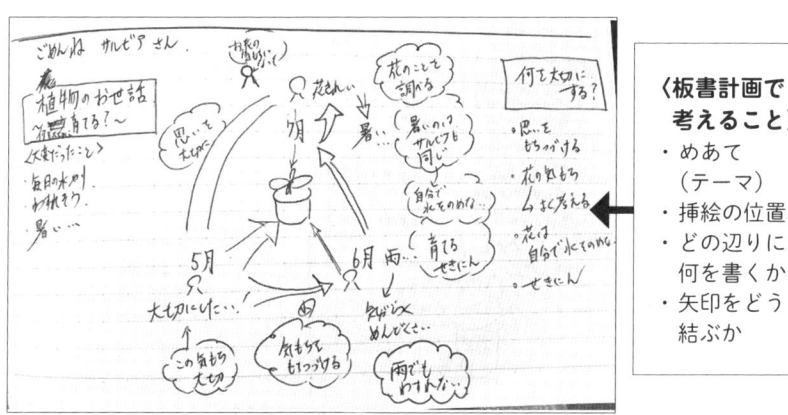

　上の画像は、実際に教材研究を行った際の板書計画です。**板書計画を立てる際に主に考えたのは、「挿絵をどこに貼るのか」「導入・展開・終末をどの辺りに書くのか」**ということです。

● 見やすい板書にするには？

　板書は子どもたちの思考を整理するために行います。その目的から考えると、「見やすい板書」は良い板書にするための第一歩となります。まずは、「文字数を減らす」ことを意識してみましょう。

　例えば、上の画像を例にすると、「雨でも水やりを忘れないのが大切だと思いました」という発言が出たとしたら、「雨でもわすれない」と簡略化して書くことでスッキリとした板書になります。**簡略化しておくと、矢印で意見をつなぐなどの工夫がしやすくなります。**

ADVICE!

「板書計画通りに書かなくては」と身構えすぎずにやっていきましょう。実際の授業では、「見やすさ」を重視することが大切です。

9

子どもの書きたいを引き出す
ノート指導

板書計画って、ざっくりとで大丈夫だし、授業はその通りにいかなくてもいい……。
何だか安心しました！

それは、よかったね！　板書だけに限らず、「こうせねばダメ」と思いすぎないことが大切だと思うな。

私は、板書も悩むけど、それよりもノート指導に悩むなぁ。それこそ何を書かせるのかということに悩むんです。

確かに悩みは尽きないよね。
まず、ノートにするのかワークシートにするのか……
ノートだと自由度が高くなり、使い勝手がいいけれど、
何を書かせるのか悩ましいよね。
一方、ワークシートは発問をあらかじめ書いておくことができるからわかりやすいけれど、その分、自由度は低いかなぁ。
どちらを使うかは、クラスの実態と好みによるね。

◉ 基本形は「中心発問」＋「振り返り」

ノートを使うにせよ、ワークシートを使うにせよ、もっとも大切にしたいのは、その子自身の言葉で書くことです。

「かっこいい言葉で書かなくていいから、自分で思ったことや考えたことを自分の言葉で書いてね」と繰り返し伝えていきます。

基本形は、「中心発問」に対する考えと「振り返り」です。

中心発問をした際には、なるべく「書く」という行為を入れるようにします。「書く」ことで、子どもの思考が整理されるからです。

その際、**友達の意見に対して、「なるほど！」と思ったことは、色を変えて書き足すことをすすめています。**友達から考えを吸収すると、思考を広げやすくなるからです。

また、振り返りは、自分の学びを見つめ直す時間なので、しっかりと時間を確保すること（5分程度）が望ましいでしょう。

◉ まずは文章量が増えるように指導する

振り返りの際に「自分なりの言葉で書こう」と言っても、なかなか書くことが難しい子がいます。そんなときは、「黒板に書いてある中で、どの言葉が心に残ったの？」と聞きながら、少しずつ書くことを促していきましょう。

まずは、クラスで「書くことを楽しむ」雰囲気をつくっていきたいものです。「おぉ～！　先生が思っていたよりもたくさん書いているね」「真剣に考えたから、言葉がたくさん出たんだね」と、まずは文章量が増えるように声かけをしていきます。**たくさん書いているうちに、自然と自分なりの言葉で表せるようになっていきます。**

ADVICE!

「たくさん書くのは当たり前」という雰囲気をつくっていきましょう。そうしているうちに、自分なりの言葉で表現できるようになっていきます。

10

余韻の残る終末とは？

 この前、研修に行ったときに道徳の授業では、「余韻を残して終わるのがいい」って言われたんですよ。これって、どういう意味なんですか？

余韻が残る授業……子どもたちがどういう状態になったら、余韻が残っていると言えるかな？

 「今日の授業、よく考えたなぁ」とか、「心が温まったなぁ」とか……そんなことを感じる授業ですかね？

みちこ先生、いいですね！
「もっと考えたかったなぁ」と思えるような授業は、きっと余韻があるんだろうね。
では、そういう授業にするためには、どうしたらいいのでしょうか？
余韻をつくるには、子どもたちが考える時間をしっかりと確保する必要があります。時に終末では、静かな空気感をつくり、教師は多くを語らないということを意識してみましょう。

● 余韻をつくるオルゴール

　振り返りは、静かな空気の中で進めていきたいものです。そこで、オルゴールを鳴らしながら振り返りを書くというのが、おすすめの方法です。映画終わりのエンドロールで余韻に浸るように、振り返りを書き終えた子は、オルゴールの音色に浸りながら授業を思い返すのもいいものですよ。

● 教師の話は「隠し味」程度にする

　映画を観ていて、エンドロールが流れてくるあの瞬間。今観た映画を思い返す、まさに「余韻に浸る時間」です。

　道徳科の授業でも、そんな豊かな時間をつくり出したいものです。そのために何に気をつけるといいでしょうか。

　授業の締めくくりに説話をする方法がありますが、その際、伝え方に注意が必要です。**教師のメッセージが強すぎると、授業で話し合った内容よりも教師の言葉の方が印象に残ってしまうからです。**

　もしも、どうしても伝えたいメッセージがあるなら、朝の会など別の機会に伝えたらいいわけです。授業は子どもたちの手でつくっていくのが理想だからです。

　では、授業をどのように締めくくるかというと、次のように話すのがいいでしょう。

　「今日は、みんなから○○や△△という意見が出てきたね。こういう考えを大切にできると、楽しく過ごせそうですね」

　このようにあっさりと締めくくります。**あくまでも教師の話が主役にならないように、子どもの言葉を使って授業を終えましょう。**

ADVICE! ─────────────────

教師が「まとめよう」という意識を捨てて、「隠し味」になりきることが大切です。授業の主役は子どもたちという意識を忘れずに！

先輩の授業を見に行こう

　さて、ここまで読み進めてみていかがでしょうか。少しずつ、教材研究や、授業のポイントがつかめてきたでしょうか。

　授業がうまくなるためには、まずはいろいろと試してみることが大切です。例えば、自転車に乗ろうとしている子どもが、「自転車に乗るための上達法」という本をいくら読んでも、実際に乗れるようにはなりません。自転車に乗ってみて、こけたり、けがをしたりと、失敗を繰り返す中で、少しずつ乗れるようになります。

　授業も同じで、どんどん失敗していく中で、うまくなっていくのです。初めから完璧な授業を目指す必要はありません。

　もう一つやっていただきたいことは、「先輩の授業を見に行く」ことです。「百聞は一見に如かず」ということわざもありますが、本を読んで知識を得るだけではなく、実際の授業の技を体感することも授業の上達には欠かせません。ぜひ、授業を見に行かせてもらいましょう。

　授業を見るときには、「一つでも技を吸収するぞ！」という意気込みで臨んでください。「板書の技術」「発問の技術」「声かけの仕方」「指示の出し方」「対話の進め方」「学習の場づくり」など、注目すべきポイントはたくさんあります。

　授業を見たら、放課後に必ずその先生に話を聞きに行きましょう。「今日の授業で、一番力を入れていたポイントは何ですか？」とインタビュアーのつもりで、コツを聞き出します。

　最後にお礼を忘れずに伝えてください。「ありがとう」の気持ちを伝えることで、気持ちよく学び合いたいものですね。

本気・夢中がどんどん加速する！

道徳授業の展開術

1

授業停滞の罠から
抜け出すには？

 授業のコツがずいぶんとわかってきたけれど、実際に
やるとなると難しいんだよなぁ。

まぁ、実際の授業となるとそんなに簡単ではないよね。
どこが難しいと感じるかな？

 授業をしていて、シーン……と静かになってしまうこ
とですかね。

 私は、教師と子どもの一問一答になってしまうことか
なぁ。

静かになるのは、真剣に考えている証拠でもあって、
一概に悪いとは言えないけれど、盛り上がりに欠ける
感じもわかるなぁ。
一問一答になってしまう問題もわかるなぁ。私も初任
の頃はよくそうなっていたなと思うよ。
発問の仕方を変えていくと、停滞していた授業が変わ
ると思うので、コツを伝えるね！

● あえてストレートには「気持ち」を問わない

「道徳の授業ってどんなイメージですか？」と若手の先生に聞くと、「登場人物の気持ちを考える教科です」と返ってくることがあります。

ですが、「～はどんな気持ちでしょうか？」という発問は、思考があまり広がらない発問です。気持ちは基本的に「喜怒哀楽」の四つに集約されてしまうからです。「～は嬉しい気持ちだと思います」「～は悲しい気持ちだと思います」という答えが出てくると、それ以上に思考がなかなか広がりません。

もし気持ちを問うなら、「～が嬉しい気持ちになったのはどうしてだろう？」「最初の嬉しい気持ちと、最後の嬉しい気持ちはどう違うのだろう？」と一歩踏み込めるように、発問にひと工夫を加えてみましょう。

● 「一問一答」を抜け出すには？

発問をして子どもが発言したら、板書をする。次の子が発言したらまた板書。そして次の発問……これの繰り返しだと、どうしても「一問一答」の道徳科の授業になってしまいます。

そこで、誰かが発言した後には、クラス全体に考えを聞いてみましょう。「今、○○さんは、見守ることも親切だと言いましたが、その考えに納得しますか？」や「○○さんが答えてくれたことの続きを考えられる人はいますか？」など、**子ども同士の発言をつなげてみてください。**

慣れてくると、「○○さんの意見に付け足しで～」や「○○さんとは少し考えが違って～」などの発言が出てきます。その際には、「よく、友達の考えを聞いていたね！」と価値づけしていきましょう。

ADVICE!

気持ちを問う場合は問い方に注意します。そして、授業では教師が子ども同士の発言をつなげる意識を常にもっておきましょう！

2

心に響く範読のコツ

今日は、授業のレベルアップのために細かいところを質問してみてもいいですか？

授業をする上で、細かいところにも気をつけるって大事なことだと思うよ。どうしたんだい？

実は、自分は教科書を声に出して読むのがあまり上手じゃない気がしていて……どうやったら、子どもたちの心に響きますかね？

良い質問だね。
教師の読み方次第で、子どもたちの心への届き方は変わってくるだろうね。
感情を込めて読む方法と、感情を込めずに読む方法があるよね。道徳の授業の場合はどちらの方がいいだろう？
他にも、教科書を読むときに気をつけた方がいいことがあるよ！

● 子どもの心に届く「声」を意識する

　大切なのは「声」の使い方です。教室の一番遠い席にいる子に声を届けるイメージで、声量を調整しながら読みましょう。

　感情を込めて読むかどうかを迷うかもしれませんが、**道徳科の教科書を読む際には、感情を込めて大丈夫です。むしろ、感情を込めて読んでください。**

　国語科では、「文章から読み取る」ことが重視されるため、教師が感情を込めて読むと、子どもたちにその感情で文章の「解釈」を与えてしまい、学習の妨げになることがあります。

　一方、道徳科では、「教材を理解すること」が目的ではなく、**「教材を通して、自分の価値観や経験をどう語るか」**が大切です。したがって、**教材理解には時間をかけたくないのです。**教材を読むときには感情を込めて、子どもの心に届くよう意識しましょう。

● 教材を読む前後にやること

　教材を教師が範読する前に、「あらすじ」を紹介するのも有効です。どんな登場人物が出てくるかなどがわかった方が、没入して話を聞けるからです(このような方法を「予告読み」といいます)。

　また、教材を読み始める前に、もっとも考えてほしい場面の挿絵を提示して、「この後どうなるでしょうか?」と子どもたちを惹きつけるのも一つの手です。

　そして、読み終えた後には、すぐに発問せず、少し間を取り、余韻を大切にしましょう。その間に、子どもの思考が働き始めます。

ADVICE! ─────────────

声量・抑揚・テンポ・間を意識し、挿絵の活用などをすることで、子どもたちが1回の範読で教材を理解できるように心がけます。

3

話し合いの土俵に上げるために

教科書の読み方は、授業をしていく中で、コツをつかんだらいいなと思いました。
他にも細かいことで気をつけていることはありますか？

そうだね。教材で描かれている状況をいかに子どもたちにイメージさせるかっていうことかな。

イメージですか〜。何となく大切だなっていうことはわかるんですけれど、具体的にはどうやったらいいか教えてください。

教科書には注釈が載っているような難しい言葉があるよね。そういう言葉はその場で解説するかな。
例えば、「日照り」っていう言葉や「骨肉腫」なんていう言葉は、子どもたちが日常生活を送っている上では出てこない言葉だよね。そういうときには、丁寧に言葉の意味を一緒に確認しよう。それから……

● 教材からどれだけ具体的にイメージさせるかが勝負

　教材に書かれている状況がイメージできればできるほど、子どもたちは話し合いの土俵に上がりやすくなります。

　例えば、「ひとふみ十年」という教材があります。この中に「チングルマ」という高山植物が登場します。以下は教科書の描写です（『小学道徳　生きる力　5年生』日本文教出版）。

> 「たったマッチぼうの太さになるのに、十年以上もかかるなんて……。ぼくが生まれる前からだ。」

　チングルマの実物を用意できれば理想的ですが、それは簡単なことではありません。そこで、教材を読みながら、次のような説明でイメージを補いました。

　「筆箱から鉛筆を1本取り出してごらん。マッチぼうの太さということは、その鉛筆よりも細いんだよ。それなのに10年もかかる。つまり、君たちが生きてきた年月と同じくらいかかって、それくらいしか成長しないってことなんだよ」

　このように説明して教材を読み終えて、「勇はひとふみ十年という言葉を聞いてどのようなことを思ったでしょうか？」と問いました。

　すると、子どもたちからは、「小さいけれど懸命に生きてきた植物を踏むのは、命を踏むのと同じだからいけないことだと気がついた」と返ってきました。具体的にイメージしたからこそ出てきた言葉ではないでしょうか。

　また、「日照り」をイメージするのが難しいと感じたら、日照りの写真を見せる。「寒さが厳しい」という描写があったら、風の音を流す。こうした画像や音は子どもたちが状況を具体的にイメージするのを助けてくれます。

ADVICE! ━━━━━━━━━━━━━━━━━━━━━━━━━

子どもたちのイメージを補うために、難しい言葉を教師が解説します。画像や音など、活用できるものはどんどん使っていきましょう！

4

導入で子どもの考えを
引き出すコツ

以前、導入は思考のフックであるというカッコいい言葉をけんた先生から聞いたんですけれど、なかなか良い導入が思いつかないです……。

ふむふむ……導入も凝り出すと悩ましいもんなぁ。ポスターとか広告なんかも使うと、本当はおもしろいんだけどね。

それも興味深いですけれど、普通に経験を聞き出すときも、なかなか経験を言ってくれなくて困るときがあります。

これも以前伝えた発問の難易度を意識してみるといいかもしれないね。
「〇〇の経験をしたことがある？　ない？」と二択で聞くと、どちらかに手を挙げることになるので、そのまま「どんな経験か覚えている人は教えてね」と言うと、経験を語りやすくなると思うんだ。他にも、とっておきの秘策があるので、それを伝えよう！

● 教師の経験談を呼び水として使う

「呼び水」とは、ポンプの水が出ないときに、上から別の水を入れて水を汲み出す方法を指します。この「呼び水作戦」は、道徳科の授業でも使える秘策となります。

道徳科の授業では教師が特定の価値観を押し付けることは好ましくないですが、一参加者として経験を語るのは、問題ありません。

例えば、「正直に言えなくて困った経験、あるかな？」と問いかけたとします。そのまま聞くと、子どもたちは素直に心の内をさらけ出すことは難しいでしょう。そこで、呼び水作戦の出番です。

「実はね、先生がみんなと同じ 3 年生だった頃、冷蔵庫のプリンを勝手に食べて、言い出せなかったことがあるんだ。後でバレて、すごく怒られたんだけどね……」

このように失敗談を語ることで、「実は僕もね……」「実は私もね……」といった経験が引き出されます。**教師が率先して失敗談を語ったことで、安心して話せる雰囲気が生まれたからです。**ぜひ、「呼び水」作戦を使ってみてください。

● 呼び水作戦を使うときの注意点

呼び水作戦を使うときには、注意点があります。それは、「みんなと同じ○年生の頃は〜〜だった」と自分の子どもの頃の経験を伝えることです。

もちろん、大人としての今の経験も伝えてもいいのですが、「正直に言えなくて……」と大人としてのマイナスの経験ばかり語っていると、教師としての威厳が薄れるので注意が必要です(笑)。

ADVICE! ────────────────────────────

教師の経験（できれば失敗談）を呼び水として使い、子どもたちが安心して経験を語れる空気をつくっていきましょう！

5 教材を読んで感想を語り合おう！

 導入の仕方は、何となくわかってきました！
次は、教材を読んだ後の発問ですね。

 指導書だと、だいたい最初の場面に対する発問をしているけれど……。

もちろんそれでも悪くはないんだけれど、何かひと工夫してみたいところでもあるね。

 そうですね……例えば、お話を聞いてどう思ったかの感想を聞くのはどうでしょう？

みちこ先生、それはなかなか良い方法ですよ。実は私も感想を語り合うところからスタートすることが多いです。
感想を語り合っているうちに、子どもたちの素直な考えが出てくることがありますからね。
教材研究のところで言っていた「『一人の人間』として読む」と一緒の考えです。

◉ 何のために「感想を語り合う」のか？

いきなり発問から始めてもいいはずなのに、なぜ感想を語り合うところからスタートさせるのでしょうか。それには理由があります。

まず、感想を語り合うことで、教材理解が進みます。「主人公の○○という行動がよかった！」「この場面が素敵だと思った！」などの感想を話し合ううちに、自然と物語の中の主人公の行動や場面が整理されていきます。教師が場面ごとに説明をする手間を省くことができるでしょう。

さらに、感想を語り合うことで、授業の展開につながることがあります。「主人公って何でこんな行動をしたんだろうね？」「私だったら～～という行動ができないだろうな」など、子どもたちなりの疑問が生まれることがあります。その疑問を取り上げて、「では、そこを考えてみようか」と授業の展開につなげることもできます。

◉ 感想を語る「視点」を示す

「自由に感想を語りましょう」と促しても、子どもたちがなかなか感想を語り合えないことがあります。**そこで、感想を語り始める前に「視点」を示しておくことが効果的です。**

例えば、「『すごい！』と思ったところは？」「○○（その時間に考えるテーマ）について考えたことは？」「自分だったら～～と考えたことは？」「ここは、納得できないと思ったところは？」など、具体的な視点を示します。**まずは「隣の人と感想を語ってごらん」と伝え、感想を語るハードルを下げてあげるといいでしょう。その後、全体で感想を共有していくことで、思考の幅がさらに広がります。**

ADVICE! ─────────────────────

どんな感想が出てきても、「へぇ～、そう思ったんだね」と受け入れる姿勢が大切です。自由に語り合う楽しさを感じてもらえるといいですね！

6 教材の納得・ツッコミポイントを探そう！

感想を語る視点が示されたら、感想を言いやすそうですね！　これなら、僕にもできそうです！

それはよかったね！　みちこ先生は、もう授業の中でやってみたって聞いたけれど……

はい！　やりました！　これは、なかなか良い方法でした。今は、もうちょっと別の言い回しがないかを探っています。

おっ！　好感触で何よりだね。
別の言い回し……そうだなぁ。
この間の視点をもう少し詳しくして、「納得」と「ツッコミ」で感想を語り合うというのも良い方法なので、教えてあげよう。
子どもたちは、「なんでやねん!?」というツッコミが好きなんです（笑）。それを生かしながら授業を進めていきます。

● 「わかるなぁ〜」を探す

教材を読んだときに、「すごい！」と感動することがあります。

例えば、教材「母さんの歌」（『小学道徳 生きる力 ５年生』日本文教出版）では、戦争中に、原子爆弾が投下され、やけどをして命が危ういぼうやに対して、女学生が「母ちゃんはここにいるよ」と安心させるシーンがあります。この場面は、素直に「すごい！」と思えるものであり、自分には真似できない凄さが感じられます。

一方で、「本当は正直に言う方がいい場面なのに、言えなかった」という教材もあります。**そういう教材では、感想を語り合う視点に「わかるなぁ〜」を入れてみてください。**子どもたちから「ダメなこととわかっていても、正直になれなかった主人公の気持ちはわかるなぁ〜」と返ってくるでしょう。**このように人の弱さに目を向けることを「人間理解」といいます。**ぜひ、覚えておいてください。

● 「なんでやねん!?」を探す

教材を読んでいると、どうにも納得できない部分が出てきます。**そんなときは、教材にツッコミを入れる感覚で読み進めるのも一つの方法です。**そこで登場するのが「なんでやねん!?」です。

「自分だったら、こんな意地悪をしないと思いました」

「主人公が○○のように行動したのは納得できません」

このような「なんでやねん」ポイントが出てきたら、子どもたちに存分にその「なんでやねん!?」を語らせてあげてください。「自分だったら〜〜」と語り出したらそれは成功の証です。**こうした「自分だったら〜〜」を考えることで自我関与が進み、深く思考できるでしょう。**

ADVICE!

教材の中で、共感できるところと、共感できないところを探すことで、自我関与しながら、授業を展開していくことができます。

7

チャレンジ！　役割演技①

二人は、授業の中で役割演技を取り入れたことはあるかな？

僕はないですね〜。何だか難しそうな気がして、まだ挑戦したことがないんですよ。

私はやったことがあります！　なかなか、盛り上げるのが難しかったです……。

せっかくやるんだったら、楽しくやるコツを聞いてみたいですね！

まなと先生、いいね！
これは役割演技に限ったことではないですが、「やるからには楽しくやる」っていうのは、どんな活動にも当てはまるコツだと思うよ。
例えば、役割演技をしますとなった際に、「え〜、恥ずかしいから嫌だなぁ」ってみんなが思うようなら、授業への取り入れ方がよくないって思うんだ。

● なぜ役割演技をするの？

役割演技を行う理由はいくつかあります。

まず、「主人公の思いに感情移入できる」という点が挙げられます。演技をしているうちに、葛藤や心の奥底に隠れている思いが自然に出てくることがあります。このとき、教師は演じた子に「なぜ、そのように言ったのかな？」とインタビューをしてみましょう。心の内面に焦点を当てることで、より思考が深まります。

また、「活動そのものが楽しい」という点も大きな理由の一つです。子どもたちは楽しいことが大好きです。役割演技に慣れてくると、「早く道徳したい！」という声が増えてきます。そうなると、授業に意欲的になり、話し合いも活発になります。

● 役割演技が始まる前の声かけで雰囲気をつくる

役割演技を行う際には、雰囲気づくりがとても大切です。例えば、5年生の教材「うばわれた自由」（『小学道徳 生きる力 5年生』日本文教出版）で役割演技を行う際、次のように声をかけてスタートしました。

「（椅子を置きながら）さて、たった今からここは牢屋となりました。ジェラール王役の人は座ってください。おっ！ もう寂しい雰囲気が出ていますね。ガリュー役の人はここに立ちます。表情がいいですね〜！ もうジェラール王とガリューにしか見えません。では、3、2、1で演技を始めましょう。みなさんも一緒にカウントしてね。3、2、1、アクション！」

見ている子に催眠術をかけるくらいの気持ちで、どんどん場を盛り上げます（笑）。いかに演技しやすい雰囲気をつくるかが大切です！

8

チャレンジ！　役割演技②

役割演技をする際には、楽しい雰囲気づくりをしたらいいってことがわかってきました。役割演技が終わった後にはどうしますか？

せっかくだから、役割演技をしたことから思考が生まれるようにしたいよね。

はい。そう思います。役割演技がうまくいったなぁと思っても、楽しかっただけ……みたいなときもありますし。

役割演技をやりっぱなしだとそうなってしまうかもしれないね。
コツは、「インタビューをすること」です。演技が終わった後に、「演じてみてどうだったか」「その演技を見てどう思ったか」を聞き出し、そこから対話が深まっていくと効果的なものになってくるよ！

● 記者になったつもりでインタビューをする

　実は、役割演技の価値は演技が終わった後に発揮されます。教師がニュース記者になったつもりで、子どもにマイク（100円ショップで売っているようなもの）を向けてインタビューをします。前項で紹介した「うばわれた自由」を例に挙げてみましょう。

T：「演じてくれた○○さんに質問です。先ほど、『自由とわがままは違う』
　と言っていましたが、そこのところをもう少し詳しく聞いてもいいで
　しょうか？」

　また、その演技を見ていたフロアの子どもたちにも話を振ります。

T：「今、ジェラール王とガリューがそれぞれの考える自由について語っ
　てくれました。話を聞いていて、どちらの意見に共感しましたか？」

　教師のインタビューは、単なる質問ではなく、「問い返し発問」として機能します。ぜひ、インタビューを通して子どもたちの考えを引き出してください。

● 役割演技は代表がやる？　それとも全員でやる？

　役割演技では、代表の子が演技を行い、他の子はその様子を見て考える方法が一般的です。他には、全員が演技をするという方法もあります。**全員で行う場合、どちらの役も経験できるという良さがあります。**例えば、「うさぎ役と亀役」があったとすると、ペアで最初はAさんがうさぎ役、Bさんが亀役で演技を行い、2回目には役を入れ替えて行うことができます。**立場を入れ替えて演じることで、視点を変えて考える力が養われます。**

ADVICE!

役割演技は「楽しかった」だけで終わりにしないように、インタビューをしたり、立場を変えたりして対話につながるように工夫しましょう！

9

「書く」「話す」のサイクルを
生み出すには？

> けんた先生！ 道徳の学習では、書く活動はどのくらいあった方がいいのでしょうか？

> 難しい質問だね。教材によりけりかなぁ。
> ただ、中心発問をした際には、なるべく書かせたいとは思っているよ。

> 中心発問ですね！ 書かせるときのコツはあるのでしょうか？

> 前にも言っていたように、「自分の言葉で書く」ということは繰り返し子どもたちに伝えたいことだね。
> 「発問」とセットになる考え方だけれど、最初のうちは、書きやすいところから、書かせてみるといいよ。
> 例えば、「①〜③の考えのどれに共感するか、番号を書いてみよう！」とかね。

● ハードルを下げることで書けるようになる

「自分の考えを書く」という行為は、考えを整理して、思考を深めるために重要です。ところが、授業の展開によっては書く手が止まってしまう子もいます。

そこで、まずは選択肢から自分が共感したものを選ぶという発問をして、その上で理由を書くという手順を取る展開が考えられます。例えば、「①〜③のうち親切だと感じる場面はどれか、一つ選んでみよう」という発問なら、選ぶだけなので書きやすくなります。その上で、「その番号を選んだ理由を教えてね」と伝え、理由を書くように促していきます。

また、あえて「話す」から先に行うということも考えられます。「主人公はなぜ〜〜という行動をしたのかな？」と問いかけ、ペアで交流をさせます。その後、「今お話ししたことを、そのまま紙に書いてごらん」と促すことでスムーズに書くことができます。

このように、「書く」ハードルを下げておくことで、徐々に自分の考えを書けるようになっていきます。

● 友達の意見は色を変えて付け足す

「書く」「話す」の良いサイクルを生み出すためには、友達の考えを付け足して書くという機会をつくることも大切です。そのため、友達の意見を聞いて「なるほど」と感じたことは、色を変えて自分のノートに書き足すように促します。色を変えて書いておくと、振り返りの際に、友達の意見を取り入れて考えが変容したということに自分で気がつくことができるのでおすすめです。

ADVICE! ─────────────────────

「書く」のハードルを下げて、どんどん書くという経験を積めるようにしていきましょう！

10

振り返りでもう一段階対話する

聞いてください！ 振り返りのときに少しずつですが、余韻を残して授業を終えることができるようになってきました！

おっ！ それはよかったね！ 子どもたちの心に残る振り返りになっているといいね。

僕は、振り返りの文章が短い子がいて、どうしたものかなと悩んでいるところです。

これは、悩ましい問題だね。
子どもたちによって「書く力」に差があるのは当たり前のことだからね。
振り返りが早く終わった子には、どのように指示を出すかがポイントになってくるよ。
せっかく、道徳の時間に一生懸命考えたのに、早く終わった子は読書をする……なんてことになっていたら、もったいないよね。

◉ 振り返りをする際のコツとは？

　まず、振り返りを短くしか書けない子は、「振り返りの書き方」がわからないため書けない可能性があります。**そこで、具体的な書き方を示してあげるといいでしょう。**

- 「なぜなら〜〜」で、理由を詳しく書く
- 「例えば〜〜」で、経験してきたことを書く
- 「友達の考えを聞いて〜〜」で、心に残った考えを書く
- 「これまでは〜〜これからは〜〜」で、思考の変容を書く

　これらは一例です。**毎回この通りに書く必要はなく、あくまでも困ったときに「参考にしてもいいよ」というスタンスで示すのがいいでしょう**（毎回、同じ書き方をしていると、表現の幅が狭くなったり、押し付けがましくなったりする可能性があります）。

◉ 振り返りでも対話を続ける

　振り返りの時間に、振り返りが終わった子には、教師がその内容を読んだ上で対話をしていきます。

　「なるほど、〜〜と思ったんだね。こういう経験をしたことがあるのかな？」

　「この考え、素敵だね。なぜこう思ったのかも教えてくれるかな？」

　このように問いかけることで、子どもたちが続きを書きたくなるように促します。こうした対話を通して、徐々に振り返りを書く力がついていきますよ。

ADVICE!

振り返りが早く終わった子には、対話を通じてさらに思考を深められるようにしていきましょう！

時間配分を計画しよう

　研修を受けているとき、終了時刻を過ぎても話が続いて、うんざりした経験はありませんか。

　実はこれ、授業も同じです。終了のチャイムが鳴った瞬間、子どもたちの頭の中は、「休み時間、何をしよっかなぁ〜」と切り替わってしまいます。そんな状況で道徳科の学習を余韻をもって終わらせる……なんてことは、まず不可能です。

　これは職業病かもしれませんが、教師を何年もやっていると、授業の45分間というのが体に染み付いていきます。特別なことをしない限りは、チャイムと同時に終わる自信があります（笑）。

　若手のみなさんは、そうはいかないと思いますので、まずは時間配分をしっかりと計画することが大切です。ノートに「この学習活動は○分」と具体的に書き込みをしていきます。

　道徳科の授業の場合は、「15分×3」という形で考えるのがわかりやすいです。「導入、教材の範読、感想交流」「中心発問での話し合い」「自分事として捉え、振り返りをする時間」といったように区切っていくと、「15分×3」という枠組みができます。もちろん、教材によって、時間配分は変わりますので、いろいろ試しながら感覚をつかんでみてください。

　時間配分をうまくするためには、授業中に時計を何度も見る習慣をつけていくことが重要です。一つの活動が終わるごとに、「あと何分かな？」と確認することが癖になってくると、次第に45分ぴったりで授業を終えることができるようになりますよ。

CHAPTER

4

子どもも教師もどんどん夢中になる！

道徳授業の
話し合い活動

1

話し合いスイッチの入れ方

いろいろと授業づくりや、授業のコツを教えてもらってきたけれど、私はもっと話し合いのコツを学びたいわ！

みちこ先生、やる気があっていいですね！
まなと先生も知りたいことがあるかな？

もちろんあります！ 話し合いなら、子どもたちの「話し合いスイッチ」の押し方を知りたいですね！

「話し合いスイッチ」の入れ方だね！
これに関しては、ちょっとしたことでずいぶん雰囲気が変わるかなって思うなぁ。
例えば、机を前に向けている場合は、机をコの字型にして顔が見合える状態にするとか。
全体交流をする前に、ペアトークをしたり、意見を書く時間を設けたりして、話すハードルを下げるとか。
他には声かけ一つでも変わってくるよ。

◉ 声かけの工夫一つで話し合いスイッチが入る

　子どもたちの中には、自信がない子がいます。道徳科は、「正解がない」と言われている分、自信がない子は自分の考えを発表することにためらいがあるのでしょう。

　そこで、声かけを工夫します。

　ペアトークを行う際には、「思ったことを素直に話してごらん。おしゃべりタイムスタート！」と、**あくまでも「おしゃべり」をしているのだという感じを強調します。**

　ペアトーク後の全体交流では、「何か意見がある人？」だと言い回しが硬いので、「今、ペアトークでおしゃべりしたことを教えてくれる人〜？」と聞きます。その上で、「ペアトークで言ったことをそのまま言うだけだから、安心して言ってね」と伝えます。

　このように「授業」という枠組みを外し、「おしゃべり」という感覚になれるような声かけをすると、子どもたちは安心して自分の考えや経験を話し始めますよ。

◉ 時には教師も話し合いに参加してみる

　「教師」という立場からは、「授業をねらいに近づけなければいけない」という思いがあるのは当然です。ですが、**時には教師も話し合いを楽しむスタンスで参加してみましょう。**

　「う〜ん……これは、先生も悩むなぁ」「その発想は先生にもなかったなぁ！」と、素直に思ったことを言います。そのうちに、「先生はどう思うの？」と聞いてくる子も出てきます。

　教師も話し合いに参加することで、クラスに話し合いを楽しむ雰囲気が生まれてきますよ。

> **ADVICE!** ───────────────
>
> 教師が授業を「うまく進めなくちゃ」と意識しすぎないことで、子どもたちが気軽に話し合える空気感が生まれてきます！

2

ペアトーク＆グループトーク のポイント

話し合いのコツっていろいろあるんですね〜。
意外と悩ましいのがペアトークやグループトークの入れ方です。

授業では、どのくらいペアトークやグループトークを入れるのか悩ましいよね。

何となく、ペアトークを入れていた方がにぎやかになるので、たくさん入れているのですが……それでいいのでしょうか？

ペアトークやグループトークを有効活用する方法を探っていきたいところだね。
ペアトークやグループトークは、子どもたちが意見を言うハードルを下げることができるよ。大勢の前で意見を言うのは、恥ずかしいけれど、少人数の前だと意見を言うことができる子は一定数いるからね。
ただし、注意したいポイントもあって……

◉ 何のためのペア？　何のためのグループ？

　意見を言うときのハードルを下げる他には、ペアトークやグループトークの良さはどのようなところにあるでしょうか？

　他には、**一人当たりの発言量を増やすことができるという点に良さがあります**。全体交流の場合、どうしても一人が発表しているときは「聞く」時間になります。ペアやグループだと、すぐに自分に発表の順番が回ってくるため、発言量を増やすことができます。

　ペアトークやグループトークでの注意ポイントは、「単なる発表会にしないこと」です。ノートに書いたことを順番に発表して終わりだと、思考の深まりは得られません。そこで、ペアトークやグループトークでは、意見を聞いた際には、必ず反応をするようにと伝えていきます。例えば、「意見を聞き終わったら、『ここは同じ考えだよ』や『ここはどうしてそう考えたの？』と反応してみよう」と伝えていきます。こうしてやりとりすることが積み重なってくると、「考え、議論する道徳」に一歩近づいていきます。

◉ あえて「いい感じ」のところで区切る

　ペアトークやグループトークを行う際に悩ましいのが、時間配分です。適切な時間は、「3分？」それとも「5分？」と考えがちですが……**意見を出し切る直前で全体交流へと切り替えた方がいいでしょう**。例えば、「今、たくさん自分の考えを言えていたね。続きは、全体の場で言ってくれるかな」と伝え、**ペアトークやグループトークの続きが全体交流だということを強調します**。このように流れをつくると、そのままの勢いで挙手して発言する子が増えていきます。

> **ADVICE!**
>
> ペアトークは、何となく取り入れるのではなく、全体交流がより豊かなものになるように、授業の流れを考えながら取り入れてみてください！

3

うろうろトークで
思考＆気分転換！

 みちこ先生〜、この間の授業、大撃沈でした。チーンですよ……。

 あらら……それはたいへん。
でも、私もうまくいかないときがあるよ。

 全体交流をしていても、なかなか意見が出ないし、ペアトークでも意見が出ないし……。

 発問が難しすぎたのかなぁ。けんた先生はどう思いますか？

発問が難しすぎた……これは、一理あると思うなぁ。発問で子どもたちに聞いていることが、抽象的すぎたってこともあるだろうし、指示がわかりにくくて、何を考えたらいいのかがわからないってこともあるだろうしね。
でも、もしかしたら、発問じゃないところにも原因があるかもしれないよ……。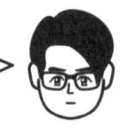

● うろうろトークを取り入れてみよう

隣の人とのペアトークを毎回繰り返していたら、どうなるでしょうか。安心感が生まれて話しやすくなる一方で、**毎回、同じ人と交流していたら、限られた考えしか出てこなくなります。**

そこで、「うろうろトーク」を入れます。交流の時間になったら、隣の人とではなく、立ち歩かせていろいろな人と交流をします。

せっかく立ち歩かせるので、「普段、あまりしゃべれていない友達のところに行きましょう。もしくは、座席が遠い人のところへ行って交流しましょう」と指示を出して、教室内で広い範囲の交流が生まれるようにしていきます。

「席を立つこと」はとても効果的です。ずっと座りっぱなしでは、体が凝り固まってきます。すると、心も凝り固まり、リラックスして授業を進めるのが難しくなってしまいます。**体を動かすことで、心もリラックスし、授業に前向きに取り組みやすくなります。**

● 適切なフィードバックをしよう

「うろうろトーク中、学習と関係のない話をしている子がいた」という悩みを聞いたことがあります。

そうならないためには、適切なフィードバックが大切です。うろうろトークの後に、「今、三人以上の人と交流できた人？」や「友達の意見が素敵だなと思って、付け足した人？」と確認をします。その上で、「○○さんは、相手がいない人を見つけて、自分から話しかけていたのがよかったね」と**具体的にフィードバックをしていきます。こうした積み重ねで子どもたちは力をつけていきます。**

ADVICE! ─────────────────

教室の人間関係を固定させないためにも、積極的にうろうろトークを入れてみましょう！　心も体もリフレッシュされます。

4

全体交流で
「お客さん」をつくらない

うろうろトークいいですね！ 僕も取り入れてみよう
と思います。

私もたまにやっていたんだけれど、もっと意図的に入
れてみようと思ったなぁ。

こうやって、意図を考えているところに成長を感じる
なぁ！

私は、やっぱり全体交流をもっと活発にしたいなって
思うんです。けんた先生は、何か心がけていることは
ありますか？

そうだなぁ。いろいろと意識していることはあるけれ
ど、一番伝えたいのは、授業中に「お客さん」をつくら
ないってことかな。
「お客さん」っていうのは、「見ているだけ」「聞いてい
るだけ」の人のことを指します。受け身になって授業
を受けていると、学びが少ないものになってしまいま
す。そうならないようにするには……

●「その授業、本当に活発なのか」を問い直す

「今日の授業、積極的に意見交流ができていました！」と聞くと、先輩としては嬉しくなるものです。ただし、次の点を確認してみてください。**「発表者が毎回同じ子になっていないか」**という点です。

例えば、30人のクラスでよく発表する子が10人いたとします。すると、全体交流の場面では、この10人が発表するので活発になりますし、黒板も良い意見で埋まっていきます。このときに残りの20人は、積極的に授業に参加することができていたかを振り返ってほしいのです。この20人は、何かしらの反応をしていたのでしょうか。意思表示はしていたのでしょうか。**全体の場で発表できていない子に目を向けると、授業の改善につながります。**

●「お客さん」をつくらないための手立て

お客さんをつくらないために、教師には大切な役割があります。それは、子ども同士を「つなぐ」ことです。

一人の子どもが意見を言ったときに、「○○さんの考えに納得しますか？」と全体に問いかけてみましょう。納得度合いを聞くと、思わぬ意見の広がりが生まれることがあります。

あるいは、黒板を指しながら「ここまでの意見で自分の考えに近いと感じたものはどれかな？　近くの人と話をしてみよう！」と促し、交流する時間を設けます。

やりとりが「教師→子ども」の繰り返しになるのではなく、「教師→子ども→子ども→子ども……」と、**子どもたちの意見がつながるような声かけや交流する時間を設けることが大切です。**

ADVICE! ━━━━━━━━━━━━━━━━━━━━━━━━━━━

まずは、授業中に「お客さん」をつくらないと意識することが大切です。その上で、具体的な手立てを考えていきましょう！

5

立場表明をして、
対話を広げていく

「『お客さん』をつくらない」というさっきの話、めちゃくちゃ納得しました！
道徳の授業だけではなく、どの教科にも通じる話でしたね。

「お客さんは生まれていないかな」と常に振り返っていけば、授業がどんどん上達するよ。

けんた先生！　他にも、お客さんが生まれない方法を教えてもらってもいいですか？

では、以前、話題に出していたネームプレートの活用の仕方をもう少し具体的に紹介しようかな。
ネームプレートでやっていることは、ICTでも似たようなことができるけれど、少しだけ違いがあるんだよ。
今日はその辺りのことを伝えていこうかなと思う。
ぜひ、ネームプレートとICTの使い分けについても考えてみてね。

● 立場を示すことで話しやすくなる

「この行動は自由か？　わがままか？」といった**二項対立の発問では、立場を表明して話し合いを始めると、考えを話しやすくなります。**

ここに立ち歩き交流を組み合わせると、さらに効果的です。「自分と同じ立場の人一人と、異なる立場の人一人と必ず交流をしましょう」と指示を出すことで、立場の近い人と異なる人と意見交流をすることができ、多面的・多角的に考えることができます。

また、立場を表明する際には、いつでも意見が変わってもいいことを伝えます。道徳科の授業はディベートではないので、相手に勝つことが目的ではありません。友達の意見を聞いて立場が変わったら、ネームプレートを貼り替えていいことを伝えましょう。

● ネームプレートとICTの違いとは？

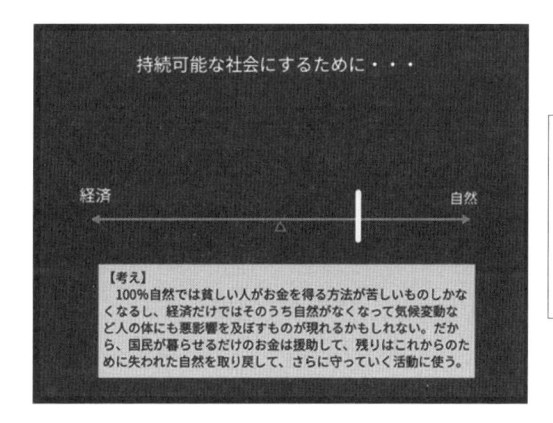

> ICT端末で立場表明をしたものです。
> 立場表明をして、理由を書いた上で、全体共有していきます。

ネームプレートは黒板に貼る過程が見えることで、そこで交流が生まれることがあります。しかし、ICTだとその過程が見えません。**過程が見えることで、友達の考えに影響されることもあるため、状況に応じてネームプレートとICTを使い分けることが大切です。**

ADVICE!

立場表明をした際には、なるべくいろいろな立場の人と交流するように指示を出します。

6

つぶやきは「小さな声」「遠くの声」を拾う

 全体交流のコツが少しずつわかってきました。もう少し細かいところを聞いてみてもいいでしょうか。

おぉ！ 意欲的だね！ どんどん授業に磨きがかかっているんじゃないかな。

 ありがとうございます。最近悩んでいるのは、授業中の「つぶやき」に関してです。
子どものつぶやきはどれくらい拾えばいいのかなって悩んでいます。

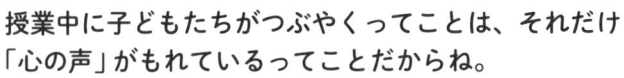なるほどなぁ。確かに、つぶやきを全部拾うことは難しいかもしれないけれど、どんどん拾っていっていいんじゃないかなって思うよ。
授業中に子どもたちがつぶやくってことは、それだけ「心の声」がもれているってことだからね。
子どもたちがつぶやいたときに、何を拾い、どうやって広げるかを考えていこう。

● 「小さな声」は心の声である

　みなさんは、どんなときにつぶやくでしょうか。大人だから、日常では
あまりつぶやかないかもしれませんね。でも、すごく驚いたときや、涙が
出るほど感動したときなんかには、思わず声が出てしまうことはありませ
んか。**「思わず出てくる声」こそつぶやきであり、これは心の声なんです。**

　では、どんな声を拾っていくかというと、私は、**「小さな声」を拾うこと
を意識しています。** 教室の大きな声でのつぶやきは、誰かに聞いてもらお
うと思い発した言葉です。ところが、小さな声でつぶやいたものは、きっ
と心の声が思わずもれてしまったに違いありません。手が挙げられない子
や目立たない子が何気なくつぶやいた言葉は、積極的に拾っていくように
しています。

　授業中は、なるべくそうした子に意識を向けていると、子どもたちの心
の声を拾えるようになっていきます。

● つぶやきを拾って、広げていくには？

　つぶやきを拾ったら、まずはつぶやいた本人にその中身について聞いて
みます。「今、〜〜と言っていたよね。どういう意味かな？」と聞くことで、
おもしろい考えを聞くことができます。

　次に、そのつぶやきを**「問い」の形にします。**「○○さんは、『努力するこ
とも個性に入るのかな』ってつぶやいていたけれど、みんなはどう思う？」
と、つぶやきを問いの形に変えて共有していきます。

　このとき黒板に問いとして書くことで、つぶやきを取り上げられた子は、
受け入れてもらえたと感じ、自己肯定感が高まります。

ADVICE!

つぶやきを聞き逃さないように、子どもたちの話し合いの際には集中をし
て耳を傾けましょう。特に、小さな声に注目です！

7

教師の役割は「つなげる」ということ

「つぶやきを拾って共有する」っていいですね。自分も手を挙げるのが苦手だったから、取り上げてもらえると子どもは嬉しいだろうなって。

取り上げられたことで、自信をもって、だんだん発表できるようになるといいね。

何だか、少しずつ話し合いのコツが見えてきた気がします。「共有」や「つなぐ」は大切なキーワードですね。

授業中の教師の役割は、発問をしたり、板書をしたりといろいろありますよね。
そんな中でも、子ども同士の意見を「つなげる」というのは大切な役割になるんじゃないかなって思う。
例えば、職員会議をするときのことを思い浮かべてほしいんだけれど、司会の先生の腕が良かったら、意見がつながって、話し合いがスムーズにいくよね。

● 卓球ではなく、バレーボールのイメージで

　教師と子どもたちの理想のやりとりをイメージするために、卓球とバレーボールを思い浮かべてみましょう。卓球では、一対一でラリーをし続けますが、バレーボールでは、チームでボールをつないでから相手に返します。**授業中のやりとりで目指したいのは、バレーボールの方のイメージです。**

　「つなぐことが大切」とはいえ、子どもから返ってきた言葉を毎回教師が卓球のように打ち返していたら、子どもたちは、教師に向かって発表をするだけの形になります。

　例えば、子どもから出た意見を返す際には、次のように言います。「○○さんは、見守ることも親切って言っていたけれど、本当にそうなのかな。みんなならどう考える？」と、このように全体に問いかけるようにしていきましょう。そこから、子どもたち同士のやりとりが始まっていくはずです。

　子どもたちのやりとりを受けて、全体に返すということを繰り返し、バレーボールのような話し合いを目指しましょう。

● 全体への問いかけにひと工夫

　「みんななら、どう考えますか？」は、いつでも使えて便利な反面、自由度の高い発問なので、答えるのが難しい子もいます。

　そこで、「○○さんの考えに賛成の人？　反対の人？　まだ迷っている人？」と、立場表明をすることを意識した問い返し発問をしてみます。

　全体交流の中で、時折こうした立場表明をする発問を入れていくことで、「お客さん」が生まれないように工夫をしていきましょう。

ADVICE! ────────────────────────
教師と子どものやりとりが一対一にならないように意識しながら、話し合いを進めていきましょう。目指すはバレーボール型の話し合いです！

8

思い込みメガネを外すには？

道徳に限らずですが、全体交流で、全員発表できた方がいいですよね！　その方が話し合いが盛り上がります！

ちょっと待って！　本当にそうなのかな？
みちこ先生はどう思う？

う〜ん……あらためて聞かれると難しいですね。そりゃ、たくさん発表できた方がいいとは思いますけれど……。

そうです。これは、我々教師がかけてしまっている「思い込みメガネ」だと思うんですね。子どもたちが全員発表できた方がいい。
果たして本当にそうでしょうか？
全員発表できなくても、ペアトークやグループトークが充実していたら、いいのではないでしょうか。
子どもたちにも「当たり前」を疑っていく力を身につけさせたいものです。

● 子どもたちの常識を揺さぶる

道徳科の授業では、「思考の変容」が大切です。授業の前後で、まったく考えが変わらないなら、その1時間の授業の価値は低くなってしまうでしょう。

例えば、「優先席があったら、お年寄りに席を譲るべきだ」という決めつけのような授業はしたくないですね。**むしろ、そういう意見が出てきたときこそ、子どもたちの常識を揺さぶり、「思い込みメガネ」を外していきたいものです。**

- 「自分が体調が悪くて座っているときも、席を譲った方がいいの？」
- 「お年寄りって、何歳くらいからがお年寄りなんだろう？」
- 「席を譲ってほしくないお年寄りっていないのかな？」

こうやって問いかけられたらどうでしょうか。大人でもハッとするかもしれません。**常識を揺さぶり考えてみることで、あらためて常識の良さが見えてくるものです。**

● 「もしも発問」で極論を問う

「もしも」という言葉で極論を問うと、発想が広がっていきます。例えば、「きまりが大切です」と答える子には、「もしも、きまりだらけの学校になったらどうなると思う？　教室には100個くらいきまりが貼ってあるのを想像してみて」と問います。そこで、「いや、やっぱり、きまりは少ない方が……」と言ったら、「では、もしも、きまりが0になったら？」とさらに極論で問います。すると、100や0ではダメだということに気づくことでしょう。

言うまでもないことですが、大切なのは「数」ではないですよね。

ADVICE!

常識を揺さぶるという視点を授業に入れていきましょう。教師も「思い込みメガネ」にとらわれすぎないように柔軟に考えたいものです。

9

問い返し発問①
「人物の視点をずらす」

思い込みメガネを外すということは、「常識を疑え」ってことですよね！　これは、わかっていても難しいなぁと思います。
何かコツはありますか？

そうだなぁ……例えば、「登場人物の視点をずらす」っていうのは有効だと思うよ。

「登場人物の視点をずらす」ってどういうことでしょうか？　主人公目線じゃないところから考えるということでしょうか？

そうだね。だいたい教科書は一人称の視点で物語が進んでいっているよね。なので、主人公が「ぼく」「わたし」となっていることが多いんだよ。
もちろん、「ぼく」「わたし」の心情の変化を追って考えていくと、心情理解が深まるということはあると思う。
ただ、思考を広げたいなら、他の人物の視点で考えるのも有効だよ！

● 登場人物の視点をずらしてみる

　問い返し発問をする際に、登場人物の視点をずらすことは、子どもたちの思考を広げるために有効な手段です。

　例えば、「相互理解、寛容」をテーマに、主人公の行いに対しての話し合いが進んでいるとします。

T：「なるほど、『ぼく』は、それだけ腹立たしい思いを抱えていたんだね。では、『ぼく』の友達はどうだったんだろう？」

C：「友達の方も、いらいらしていたと思います」

T：「この二人のいらいらは同じかな？　それとも違うものかな？」

　こうして、主人公の友達の「いらいらポイント」は異なることが明確になります。「いらいらポイントが違うのに、最後にはお互いを受け入れられたのは、何でかな？」と対話をつないでいくことができるでしょう。**このように視点をずらすのは、特にB（主として人との関わりに関すること）の内容項目で有効です。**

● 教科書の外へと視点をずらしてみる

　ここからは応用編です。**教科書に載っていない第三の登場人物の視点から考える「問い返し発問」をしてみましょう。**

　例えば、「はしの　うえの　おおかみ」（『しょうがく　どうとく　いきる　ちから　１年生』日本文教出版）の中で、「おおかみがうさぎに『こうすればいいのさ』と橋を渡してあげる」場面で、「このやりとりを見ていたりす（教科書には登場していない）はどう思ったかな？」と問いかけます。すると、「見ていた人もやさしくしようと思った！」といった気づきを引き出せるでしょう。**このように視点を変えることで、多面的・多角的に考える力を育てることができます。**

ADVICE!

頻繁に人物の視点をずらすと、焦点がぼやけてしまうことがあるので、ここぞというときの「切り札」として使うことがおすすめです！

---

10 問い返し発問②
「時間軸の視点をずらす」

「登場人物の視点をずらす」っておもしろいですね。
他にも何か良い方法はありますか？

とっておきの技としては、「時間軸の視点をずらす」と
いうものがあるよ。

「時間軸の視点をずらす」ですか。何だかカッコいいけ
れど、難しそうですね……。
僕にもできるかなぁ。

教材の話から、少し先のことを問いかけてみるっていう方法があるんだ。
当然、お話より先のことを問いかけられたら、教科書には何も答えが載っていないよね。そうなると、考えるときの拠り所となるのは、自分の「経験」「価値観」「考え」などになってくると思うんだ。
ぜひ、試してみてほしいな！

◉ 「未来」のことを問いかけてみる

「道徳的実践意欲と態度」を育てるためには、子どもたちの「〜〜したい」という気持ちを引き出すことが重要です。**そのために効果的なのが、少し未来のことを問い返す発問です。**

例えば、主人公が「ありがとう」という言葉の良さや感謝することの大切さに気がついたという場面で話し合いが進んでいるとします。ここで、次のように問い返してみてはどうでしょうか。

「『ありがとう』という言葉の素晴らしさに気づき、感謝の大切さを知った主人公は、この先どんな人生を歩むでしょうか？」

こうした問いかけから、教材に描かれているよりも未来のことを考えることで、子どもたちには自分の行動や選択が将来にどのような影響を与えるかを考えるきっかけとなります。それが「〜〜したい」という道徳的実践意欲と態度を育てることにつながるでしょう。

◉ 条件を変える効果とは？

前項でも述べたように、「登場人物の視点をずらす」「時間軸をずらす」などの視点をずらす発問は、道徳科ならではの問い返し発問の一つです。

「主人公ではなく、別の登場人物の立場なら？」や、「〜〜に気づいた主人公は、この先どのような行動を取るだろう？」など、教材で示されている条件を少し変えることで、子どもたちは、さまざまな場合について対話を深めることができます。これにより、子どもたちには、違う視点から物事を考える力がつきます。

ぜひ、「視点をずらす」問い返し発問を積極的に取り入れてみてください。

ADVICE!

出来事が起こる前、その最中、そして後と時間軸を変えて考えることで、その出来事がどのような影響を及ぼすのかを深く考えることができます！

教材を探すアンテナを立てておく

　ある日のことでした。休日に一人でふらっと美味しい焼き鳥丼が食べられるお店に入ろうとしたとき、ふと目の前の看板に目が留まりました。看板にはこう書かれていました。

　「美酒あり　佳肴あり　知友あり　これすなわち　人生の醍醐味なり」

　どうでしょうか。素敵な言葉だと思いませんか。美味しい酒があり、それに合う美味しいおつまみがあり、そして気心の知れた友達がいる。それが、人生の醍醐味だというのですね。まさに道徳的だなと感じました。

　さて、このような看板を見かけたら、私はまずスマホでパシャリと写真を撮ります。そうすると、いつか授業で使える素材となることがあるんですよ。

　例えば、この看板の「知友あり」の部分。ここを隠して子どもたちに提示してみてはどうでしょうか。「大人の人はお酒が好きで、それに合う食事があると人生が楽しくなるようです。ところで、ここに当てはまるもう一つのキーワードは何だと思う？」。

　このように問いかけた上で、「知友あり」を示して、「なぜだと思う？」と問えば、もう「友情、信頼」がテーマの授業ができそうですね。

　これは一例でしたが、電車の中の広告、駅のホームに貼られたポスター、漫画の一コマ、ドラマの一シーン、CM、詩、新聞、絵本……世の中にあるものはすべて教材にすることができます。アンテナを立てながら世の中のものを見てみると、おもしろい発見があるかもしれません。

CHAPTER

5

ポイントがリアルにつかめる！

定番教材の
道徳授業
実践ガイド

1

1年生の授業実践例
「二わの　ことり」

教材名 二わの　ことり

内容項目 友情、信頼

あらすじ やまがらの家での誕生祝いに行くか、うぐいすの家で音楽会の練習に参加するかで迷うみそさざい。みそさざいは、やまがらからの誘いの手紙をもらっていたけれど、楽しそうなうぐいすの家に行ってしまいます。でも、途中から心が揺れ動き、うぐいすの家を抜け出して、やまがらの家へ行く決断をします。

授業者のねらい 教材を通して、みそさざいの葛藤や選択について考え、「どうしたら友達と仲良くなれるか」を対話します。また、みそさざいとやまがらがお話を通してどれくらい仲良くなったかをハートメーターを活用して、思考のズレを生み出し、さらに対話を深めていきます。

授業の展開

T：みなさんは、小学生になってから半年が経ちました。たくさんお友達はできましたか？

C：は〜い！　たくさんできました！

T：そのお友達とは仲良くなれたかな？

C：いっぱい遊んでいるから、仲良くなれた！

T：いいね！　今日は「友達と仲良くなるには？」について考えましょう。

〈教材範読〉（みそさざい、うぐいす、やまがらの挿絵を黒板に貼る）

T：みそさざいさんは、最初にどんなことを思っていたのかな？

C：「どっちも楽しそう！」って思っていた。

T：そうだね。その後、うぐいすの家に行ったよね。このときはどうかな？

C：つまらないなぁ。

C：なんだか悲しいなぁ。

C：うぐいすのところへはいつでも行ける！

T：どういうことかな？

C：やまがらは誕生日だったから、特別な日だよ。

T：だから、やまがらは寂しかったのかな。やまがらのところへ行くときにはみそさざいはどう思っていたのかな？

C：かわいそう。

C：誕生日は1年に1回しかないから、行こうって思った。

C：友達になりたいなぁ。

T：そういうことを思ってたんだね。では、このお話を通して、やまがらさんとみそさざいさんはどのくらい仲良くなったかな。ハートを塗ってみよう。

　〈ハートが5つ書いてあるプリントを渡す。仲良くなった度合いでハートを塗り、理由が書ける場合は横に理由を書くように促す〉

T：さて、どうなりましたか？

C：私は4つです。やまがらさんは「何できてくれなかったんだろう」って思っていて、最初は怒っている感じがしたから。

C：私は、5つです。虹色に塗ったよ！

T：何で、虹色にしたのかな？

C：とても仲が良さそうな感じがしたからです。

T：いいね！　他の人はどうですか？

C：私は7つにしました！

T：どうしてかな？

C：5つまでは幸せ友達。そこから先は、もっと幸せ友達だから！

T：2人で遊べて幸せだったんだね。

C：やまがらも寂しくなくなったから！

〈黒板に、子どもたちが言ってくれたハートの数だけハートを書き足す〉

T：友達と仲良くなるには、どんなことが大切かな？

C：もっと仲良くなろうって声をかけることかな。

T：では、今日学習したことの振り返りをしてみましょう。

〈振り返りをプリントに書く〉

あえて「思い」をたくさん聞く

 低学年の子どもたちって、本当に素直な意見がたくさん出てきていてかわいいですね！

 たくさん「発表したい」って感じがしました。どうやって子どもたちの意欲を引き出しているのですか？

低学年の道徳の授業では、特に発問の「易→難」を意識するのが大切かなって思う。最初から難しいことを投げかけても、なかなか話し合いが進まないからね。
最初は、みそさざいの「思い」を考えることを重視してみた感じかな。「思い」を追っている間にお話への理解も深まりそうだしね。
→★関連ページCHAPTER 2 − 5

 他にも気をつけていたポイントはありますか？

お話を読む前に、「みそさざい」「うぐいす」「やまがら」の挿絵を貼ったことや、発問をお話の流れに沿っていったこともポイントになるかな。特に低学年の子どもたちは、教材理解が進まないと話し合いの土俵に上がってこられないからね。
→★関連ページCHAPTER 3 − 3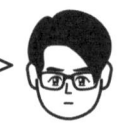

ハートメーターで「思考のズレ」を対話する

 ハートメーターっていいですね。1年生でもわかりやすそうです。

 ハートを塗るだけの活動なので、どの子も安心して参加することができるよね。
また、「理由が書ける子は書いてね」と指示を出したんだ。1年生はひらがなやカタカナを習ったところなので、無理に書かせなくても思いを話すことができたらいいかなって。
ハートを塗る数、塗り方、塗る色によって子どもの多様な考えや感じ方が出てくるよ。
→★関連ページCHAPTER 2 − 6

 それもおもしろかったです。僕が見た中では、青と赤を半分ずつで塗っている子がいました。

 後で、その子に理由を聞いてみると、「寂しい気持ちが半分と嬉しい気持ちが半分」って答えてくれたんだ。
多分、ハートを塗る活動がなかったらその子はそこまでしゃべれていなかったと思うなぁ。
1年生の道徳の授業では、話すための手立てが大事なのかもね。

ADVICE!

1年生の道徳科の授業では教材理解が勝負のカギです。教材理解が進んできたら、思考のズレを生み出す発問や学習活動を入れていきましょう!

2

２年生の授業実践例
「七つの　星」

教材名 七つの　星

内容項目 感動、畏敬の念

あらすじ 日照りが続く中、女の子は病気のお母さんに水を飲ませるために旅に出ます。女の子も水がほしい気持ちがありましたが、我慢をして、水をほしがっている犬や旅人に分けてあげます。その優しい心に反応して、木のひしゃくは銀、金と変わります。最後には、ひしゃくからダイヤモンドが出てきて、夜空に浮かび、七つの星になります。

授業者のねらい 教材を通して、「美しい心」について対話をします。話を通して、女の子が我慢し続けているので、「自己犠牲」＝「美しい」という構造にならないように気をつけながら授業を展開します。

授業の展開

T：「美しいものは何？」と聞かれたら、何を思い浮かべるかな？

C：朝日とか、夕焼けとか。空ってきれい。

C：美術品！　絵とか。

C：キラキラしたもの。宝石とか。

T：たくさんあるね。では、お話を読んで「美しい心」について考えましょう。

〈教材範読〉

T：お話の中に「日照り」という言葉が出てきました。実は、こんな状況です。

〈砂漠のようにカラカラに乾いた画像を提示する〉

C：えー、暑そうだなぁ！

T：しかもね。この時代には、「水道」がないんだよ。みんなは蛇口を捻ると水を飲むことができるよね。でも、この女の子は簡単には水を飲むことができない状況なんだ。

C：それは喉が渇くだろうなぁ。

T：そんな状況の中、女の子はお母さんのために水を探しに行くんだよ。

C：女の子、めちゃくちゃ優しいね。

T：では、今日のお話を聞いて「いいなぁ、美しい心だなぁ」と思った場面のところにネームプレートを貼りましょう。

　　1.女の子が犬に水をあげたところ。　2.お母さんが女の子に水を飲ませようとしたところ。　3.旅人に水を飲ませたところ。

〈いいなと思った場面にネームプレートを貼る〉

T：では、どの場面にしたかのお話をしましょう。

C：1のところかな。犬に水をあげようとしていて優しいと思ったよ。だって、お母さんにあげたい気持ちがあったはずだから。

T：お母さんだけではなく、目の前の困っている犬にもあげたのが優しいよね。

C：私は2のところ。お母さんは病気だから水を飲みたいはずなのに、それなのに女の子に水を飲ませようとしていたのが優しいなぁって。

T：お母さんの女の子を思う気持ちが素敵だったね。

C：僕は、3の場面。犬にあげて、お母さんに飲ませようとして、ようやく自分が飲めるってときに我慢して旅人に水をあげたから。

T：先生がこの女の子の立場なら、水を飲んじゃうかもなぁ。

C：僕も飲んじゃっていたと思う。

〈「美しい心」についての考えを深める時間〉

T：「美しい心」って、お話を通して何だと思いましたか？

C：目の前の困っている人を助ける心かな。

C：自分が我慢して、助ける心。

T：では、「美しい心＝我慢」ってことかな？

C：我慢だけじゃなくて……相手を思う心が大切かな。

T：この女の子は、どうして水をあげたのかなぁ。褒められたかったのかな？

C：褒められたいとかじゃなくて、本当に心から人に優しくしたいって思ったんじゃないかな。

T：では、考えたことを振り返りに書きましょう。

〈振り返りをノートに書く〉

追加の挿絵の力で
教材への理解を深める

 子どもたちが、「喉が渇く」という状況を、しっかりと
イメージしていたと思いました。

 教科書にはない、あの「日照り」の写真がいいなぁって
思ったんです。挿絵を追加するのは良い方法ですね。

子どもたちにとって、「日照り」という言葉は馴染みの
ない言葉だよね。だから、しっかりと説明をして、イ
メージをもたせる必要があるんだよ。
今の時代なら、喉が渇いたら蛇口を捻れば当たり前の
ように水が出てくる。でも、この当時は違っていたの
で、そういう前提を押さえておくことも大切なんだよ。
→★関連ページCHAPTER 3 - 3

 確かに、その前提を押さえておかないと、「我慢する」っ
ていう気持ちを考えられないような気がします。

この教材に限ったことではないけれど、教材が「昔の
話」や「外国の話」の場合、今の時代やこの国と何が違
うかを示しておくと、思考をより深めやすくなるので
おすすめだよ。

あえて「心情を追わない展開」を考えてみる

 1年生の実践で、あえて心情を追うってことでしたが、今回は違ったような気がしました。

 今回は、ネームプレートを使いながら美しい心について自由に話し合っていましたね。

道徳の授業は、毎回心情を追うだけではないからね。今回の話では、行為の対象が、「女の子→犬、旅人」「お母さん→女の子」と変わっているので、比較することで、「美しい心」が見えてくるかなって。また、扱うテーマが難しいので、ネームプレートを使って立場表明をするところから始めることにしたよ。
→★関連ページCHAPTER 4 - 5

 どれが美しい場面かなって比較しているうちに、美しい心について気づくってことですね。

立場表明をして対話をするのは、低学年でもできる活動なので、ぜひ取り入れてみてね！

ADVICE!

1年生と同様に、教材理解に力を入れましょう。心情を追う以外の展開もできるようになれば、授業展開の引き出しが増えます！

3

3年生の授業実践例
「まどガラスと魚」

教材名 まどガラスと魚

内容項目 正直、誠実

あらすじ 千一郎が投げたボールが、他人の家の窓ガラスに当たり、割れてしまいます。友達の文助に「逃げろ」と言われて一緒に逃げ出してしまいます。次の日、その次の日と悩みながらも謝りに行くことができない千一郎。そんなとき、近所のお姉さんが、自分の猫が迷惑をかけたお詫びに魚を持ってくるのを見て、千一郎は、翌日に謝りに行くことを決心します。

授業者のねらい 教材を通して、なぜ千一郎が謝りに行けたのかを話し合い、正直に話すことの良さについて考えられるようにします。また、教材の中で4日間も悩んでいた点にも注目していきたいところです。

授業の展開

T：次の中で正直なのは誰かな？（アンパンマン、ばいきんまん、のび太）

C：アンパンマンかなぁ。いつも良いことをしていて正直かな！

C：ばいきんまんは、悪いことをしているし違うかな。うそをつきそうだし。

C：のび太は……どっちだろう？　正直な気もするけれど、違う気もする。

T：少し迷いが出てきましたね。それでは、「正直って何だろう？」について考えてみましょう。

〈教材範読〉

T：お話を聞いてみて、どう思ったかを近くの人としゃべってみよう。

　　〈「すごい！」「自分だったら……」「正直って……」などを交流〉

C：僕だったら、窓ガラスを割ったときに謝りに行くかな！

C：私もそうする。

T：すごいね！　先生が、もしもみんなと同じ3年生だったとしたら……

謝りに行けてなかったかもしれないなぁ。

C：謝りに行くのは、勇気がいるから難しいなぁ。

T：どういうことかな？

C：だって、謝ったら怒られるかもしれないし……。

T：ところで、みんなは千一郎みたいに4日間も悩むことってある？

C：あんまりないかなぁ。

T：千一郎はお話の中で4日間も悩んでいたよね。なぜ最終的に謝りに行けたと思いますか？　考えを書いてみましょう。

〈考えをノートに書く〉

T：「うろうろ交流タイム」を取ります。「今日、まだ話をしていない人」「座席が遠くの人」「この人の考えを聞きたいなという人」3人以上と交流しましょう。男女関係なくできたらいいですね。よーい、スタート！

〈うろうろトーク開始〉

T：たくさんの人と交流できていましたね。どんなことを話したかな？

C：怒られたくないっていう気持ちで謝った。

T：ということは、もしガラスを割ったのがバレなかったら謝らないってこと？

C：う〜ん……そういうわけじゃない気がする。

C：お詫びに来たお姉さんを見習おうと思ったんじゃないかな。

T：お姉さんを見習うって、どういうこと？

C：一軒一軒謝りに回っていたのが、正直だなって思ったと思う。

T：なるほど。一つのきっかけになったんだね。他にはどうかな？

C：おじいさんに悪いことをしたなっていう気持ちがあったから。

T：おじいさんのために謝ったってことだ。

C：自分のモヤモヤを消すためもありそう。

C：隠していたら、嫌な気持ちになっちゃうから。

T：ということは、正直に言うのは、誰かのためだけじゃなく、自分のためでもあるってこと？

C：うん。そんな感じかな！

T：では、今日の学習で考えた「正直」について、振り返りをしましょう。

〈振り返りをノートに書く〉

導入で思考のスイッチを入れる

授業の最初に、いきなりアンパンマンやばいきんまんが出てきてびっくりしました！

今回は、導入でひと工夫をしたよ。
「正直にしようと思ったけれど、できなかったことはありますか？」や「正直ってどんな心のことだろう？」と発問しても大丈夫だね。ただ、「正直にできなかった経験（あるいはできた経験）って、意外と出てこないときがあるよ。忘れてしまった〜って場合や、言うのが恥ずかしい場合があるからね。
　　　　　　　　　→★関連ページCHAPTER 2 − 4

アンパンマン、ばいきんまん、のび太を並べて聞いたのは、何をねらっていましたか？

そもそも三つを並べたのは、発問は「易→難」を意識するという原則に従ったんだ。
アンパンマンは何となく正直そう、ばいきんまんは何となく正直じゃなさそう、と判断しやすいよね。
では、のび太はと言うと……少し迷いそうかなって思って、選択肢に入れてみたんだ。
なぜ、その選択肢を選んだのかを聞くと、子どもたちの思いを引き出せるよね。
　　　　　　　　　→★関連ページCHAPTER 2 − 5

問い返し発問で別の視点を与える

 うろうろトークもよかったです。こうやって視点を示すって大事ですよね。

 僕も使おうと思いました。対話の中で他に気をつけていたところは、どこですか？

対話の中で気をつけていたのは、問い返し発問のところだね。
天邪鬼になるって話をしたと思うけれど、まさにそんなイメージで問い返したかな。
子どもの発達段階によっても違ってくるけれど、どうやら子どもって「怒られたくないから正直に言う」っていう考えが始めの方に出てくるみたいだね。
そこで、「怒られないなら正直に言わなくてもいいのかな？」と問い返すことで、思考を揺さぶっていくことが大切だと思うんだ。
→★関連ページCHAPTER 2 - 7

 そうやって聞かれると、迷いそうだし、深く考えそうだなって思いました！

ADVICE!

導入で少し工夫をすることで、子どもたちの食いつきが変わってきます。
その後の対話では、問い返しをして深めていく意識で進めましょう。

4

4年生の授業実践例
「雨のバスていりゅう所で」

教材名 雨のバスていりゅう所で

内容項目 規則の尊重

あらすじ よし子はお母さんと一緒に、バスでお出かけをしようとするけれど、外はあいにくの雨。バス停留所に着くと、たばこ屋の軒下で雨宿りしながら並んで待っている人がいます。バスが到着すると、よし子は並ばずに一番にバスに乗ろうとしますが、怖い顔をしたお母さんに止められます。

授業者のねらい 教材を通して、「規則を守る」ということを考えさせたいです。規則といっても明文化されたものから、暗黙のものまであります。バスを待つ行列に並ばなかったよし子の行動は、「悪い」のか「仕方ない」のかを問いかけ、そこから議論を深めて行きたいです。

授業の展開

T：次のうち、実際にある法律はどれでしょうか？

　　1．ホテルの部屋でオレンジの皮を剥いてはいけない。2．トイレを貸さないのは法律違反。3．ビーチで砂のお城を作ってはいけない。

C：えーーーー！　どれもないんじゃないかな。

C：しいて言うなら……2かな。トイレ貸してもらえないと困るし。

T：正解は……まさかの全部でした！

C：えっ⁉　どういうこと？

T：実は、これらはすべて外国で実際にある法律でした。さて、これらの法律は守れそうですか？

C：知らなかったら、絶対に無理！

T：世の中には、知らないきまりもあるかもしれません。今日はお話を通して、「きまりを守るためには？」について考えてみましょう。

〈教材範読〉

T：では、感想交流をしてみよう！

〈「なんでやねん⁉」「自分だったら……」「きまりとは？」などについて交流〉

T：いろいろな意見が出てきましたね。**では、よし子の行動は、「仕方ない」のか「悪いのか」について考えてみよう。**

〈ネームプレートを使って立場表明を行う〉

T：意見が割れました。「仕方ない」に貼った人の意見は？

C：並べないのは仕方ないと思う。最初の法律のクイズと一緒で、知らないきまりは守ることができないんじゃないかな。

C：雨の日ルールなんてどこにも書いてないわけだし……。

C：でも、一番に行くのは自己チューな気もするなぁ。

T：では、「悪い」に貼った人の意見はどうですか？

C：シンプルに割り込みっていうのがダメだと思う。

C：４年生なんだから、自分で確認しなきゃダメだと思う。

T：どうやって確認するの？

C：お母さんに聞くとか。

T：そもそもよし子は気にしていないから、お母さんに確認するかな？

C：だったら、周りをよく見て考える必要があるのかも。

C：そういうきまりがあるかもって想像して行動できたら、よかったのかなぁ。

〈「きまりを守るためには」についての考えを深める時間〉

T：世の中にはいろいろなきまりがありますが、きまりを守るために大切なことは何でしょうか？

C：あいまいなときは、大人に聞くことが大切なんじゃないかな。

C：きまりについて自分で判断することが大切だと思う。

C：周りのことをしっかりと見て考えた方がいいと思うなぁ。

T：というと？

C：例えば、みんなが並んでいるのに自分が抜かしたら、抜かされる側は嫌だってわかるはず。そういうのが「きまり」になってくると思う。

T：なるほど！　では、考えたことを振り返りに書きましょう。

〈振り返りをノートに書く〉

導入で子どもの
「当たり前」をひっくり返す

導入がおもしろかったです！ 思わず、どれかなって、考えてしまいました。

まさかの全問正解だなんて（笑）。あの導入はどういう意図でしたか？

４年生の子どもたちは、きまりを守るのが大切ってことは、みんな知っていると思う。
そこで、自分が「知らないきまり」って守ることができるのかなと問いかけをするために、こういうクイズ形式でやってみたんだよ。これは、教材への導入にもなっているんだ。よし子も雨の日のルールを知らなかったからね。

自分もやってみたいんですけれど、こういうクイズを作るときのコツってありますか？

コツとしては、子どもたちの「常識をひっくり返す」と「意外性」かな。今回は、まさか「ビーチで砂のお城を作るのもダメなの？」と常識がひっくり返り、「全問正解」という意外性もあったよね。意外性があると、それが思考を刺激して、思考へのフックになるよ。
→★関連ページCHAPTER 2－4

立場表明をして「考え、議論する道徳」を目指す

 今回の中心発問では、ネームプレートを使っていましたね。なぜこの発問にしたんですか？

まずは一人の人間として、教材を読んだときに「あれ？」って引っ掛かりを感じたんだよ。
この雨のバス停留所、ルールとしては、「雨だったらタバコ屋の軒下に並びます」とは、どこにも書いてないんだよね。そう考えたら、よし子って実は悪くないのかもなって。

→★関連ページCHAPTER 1 − 6

 それで、「仕方ない」か「悪い」かというところから考えることにしたんですね。

この対話は正解を探ることが目的ではないんだ。「悪い」と考えた人はきまりを重んじているから、理由を探ればいいよね。
一方で、「仕方ない」と考えた人は、明文化されていないきまりがある場合は、どう判断するかを問いかければいいと思ったんだよ。

→★関連ページCHAPTER 4 − 5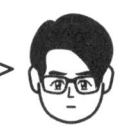

ADVICE!

立場表明をする際には、どちらかが正解とならないよう、問いの立て方に配慮しましょう。選択肢は、あくまでも対話を深めるための手段です。

5

5年生の授業実践例
「うばわれた自由」

教材名 うばわれた自由

内容項目 善悪の判断、自律、自由と責任

あらすじ 酔い覚ましに森へやってきて狩をしようとするジェラール王子。しかし、国のきまりを守るべきだと止めようとするガリュー。二人はお互いの思う「自由」について意見をぶつけ合う。やがて、「わがまま」な行動をしていたジェラール王は牢屋に囚われる……。

授業者のねらい 教材を通して、「自由」と「わがまま」の違いについて考えて、自分の生活を見直してほしいです。また、役割演技を楽しみながら、「自由」についての理解を深めてもらいたいです。

授業の展開

T：たった今から、「自由」です。さて、何をしたいですか？

C：教室の中で遊ぶ！

C：家に帰ってくつろぐ！

T：では、「自由」とは、どんなものだと思いますか？

C：何でもしていいってこと。

C：思うままに、やりたいことをやること。

T：では、今日は教材を通して「自由」について考えてみましょう。

〈教材範読〉

T：お話を聞いてみての感想を、近くの人と交流してみよう。

〈「すごい！」「自分だったら……」「なんでやねん⁉」などを近くの人と交流〉

T：さて、ここでジェラール王とガリューの役になりきって、「自由」についての考えを話してもらいましょう。前に出てやりたい人はいますか？

〈挙手した中から二人を呼ぶ〉

T：では、演じてもらいましょう。だんだん二人は役に入ってきましたね。いきますよー。3、2、1、アクション！

〈役割演技を3回ほど繰り返し、演技後にはインタビューをする〉

T：ジェラール王の考える自由とは、どんなものでしたか？

C：わがままな自由だなぁ。

C：悪い自由だと思う。

T：どういうこと？

C：みんなのことを考えていないよ。

C：自己中心的だね！

C：赤ちゃんみたいだな。（**「確かにー！」という声が上がる**）

T：では、ガリューが考える「本当の自由」とは？

C：人を傷つけないってことかな。

C：みんなのことを考える自由だよ。

C：助け合う自由じゃないかな。

C：国のきまりを守るってことじゃないかな。（**多数が同意する**）

T：確かに、きまりを守るって大切だよね。ということは、ロボットみたいに決められたことをずっとやり続けるのが「本当の自由」になりそう？

C：それは違うかな……。

C：きまりを守りつつ、「自分が好きなことをする」っていう気持ちも大切だよ。

T：みんなが、そういう自由を大切にしたら、どうなるかな？

C：そうすれば、みんなが幸せになりそうだね！

〈「自由」についての考えを深める時間〉

T：では、二人の自由を比べてみて、あらためて考えると「自由」って何だと思いますか？

C：ルールを守った上での自由が大切だと思う。

C：「好き」を伸ばせる自由が大切だと思う。

C：生きたいように生きるけれど、人を困らせないってことがあった方がいいな。

T：それぞれが「自由」について真剣に考えました。あなたが大切にしたいと思う「自由」はどんな自由でしょうか。ノートに書きましょう。

〈振り返りをノートに書く〉

子どもが生き生きとする役割演技

 いやぁ〜、びっくりしました！　子どもたちが役割演技をとても楽しんでいましたね。

 「3、2、1、アクション！」の部分で、盛り上げながら言っていたからじゃないかなって思いました。

役割演技をするときには、「楽しい雰囲気をつくる」ということを一番に考えています。
ジェラール王役の子が牢屋に入ったということで、泣き崩れる様子。それから、ガリューが牢屋から出ていくときに、ジェラール王も連れて行こうとする様子。たくさんアドリブがあっておもしろかったですね。
　　　　　→★関連ページCHAPTER 3 − 7、3 − 8

 他に気をつけていたところはありますか？

「役割演技そのものを目的にしない」ということには気をつけていました。
役割演技は、あくまでも考えやすくするための手段です。なので、役割演技をするのは恥ずかしいけれど、意見なら言えるという子は、その後の話し合いでたくさん意見を言ってもらうことにしました。

思考を深める「問い返し発問」

 もう一つ気になったのは、「ロボットみたいに〜」と問い返していたところです。

 僕も気になりました。どうやったら、そういう発問を考えることができるのでしょうか？

発問を考えているときに、予想されたのは、「きまりを守った方がいい」という意見です。ガリューが「国のきまりを〜」と言っているので、そういう思考になることが予想されます。「きまりを守ると自由になるっていうのは少し違うのでは？」という素朴な疑問が出てきたので、それを発問としました。
→★関連ページCHAPTER 1 − 6、1 − 7

発問をする際には「天邪鬼になること」を意識しました。「きまりを守っているばかりでもいいのかな？」と問いかけてもいいけれど、何かひと工夫ほしい。そこで、「ロボットみたいに〜」という「もしも〜」の問い方をしました。今、AIが話題に上がり、子どもたちも関心をもっていますしね。
→★関連ページCHAPTER 2 − 7

ADVICE!

役割演技で思考のスイッチを入れた後は、ぐっと深める問い返し発問を入れていきましょう。「楽しい→真剣」と雰囲気が変わってきます！

6

6年生の授業実践例
「手品師」

教材名 手品師

内容項目 正直、誠実

あらすじ あるところに、売れない手品師がいました。手品師は、目の前にいた男の子に手品を披露し、「明日も見せる」という約束をします。その夜、友人から「大劇場で手品をしないか」と誘われます。男の子のところへ約束を果たすために行くべきか、それとも大劇場へ行く誘いに応じるべきか迷った末、最終的に手品師は男の子の方へ行くことを決心します。

授業者のねらい 教材を通して、自分が手品師の立場だったらどうするかを悩みながら、「誠実な生き方」について対話します。話し合いのゴールはどちらの選択肢が正解かを決めることではなく、あくまでも「誠実な生き方」とは何かについての考えを深めることが大切です。

授業の展開

T：「誠実」って言葉を聞いたことがある？

C：あります！

T：では、「誠実な生き方」って聞いたら、どんなイメージになるかな？

C：曲がらないでまっすぐなこと！

C：うそをつかない……正しいことをすること。

C：一生懸命で、真剣なこと。

C：目標に向かって歩んでいくこと。

C：二択だとすぐに選べること。

T：たくさん出てきましたね。それでは、教材を読んで考えましょう。

〈教材範読〉

T：今日は……

C：今日は、自分だったらどちらに行くか考えたいです！

T：では、そうしましょうか。みなさんが手品師の立場ならどうしますか？

C：僕だったら、大劇場の方へ行くなぁ。有名になれるから。

C：いやいや、男の子の方へ行くよ。だって、先に約束したもん。

T：悩ましいですねぇ。大劇場に行った場合はその後どうなるのかな？

C：有名になって夢が叶います！

T：男の子の方に行った場合は？

C：その後、実力がついて「自分の力で」有名になると思います。

C：他の選択肢を思いつきました！

T：というと？

C：男の子を大劇場に連れて行きます。

T：でも、いきなり連れて行くってなったら、お母さんびっくりしないかな？

C：だったら、売れてから招待します。

T：でも、翌日ずーっと手品師が来るのを待つことになるよ。

C：僕は、どちらも選べないなぁ……。

C：私は悩むこと自体が誠実だと思う。

T：それもそうかもね。ところで、最初に「二択だとすぐ選べることが誠実」って言ってたけれど、それはどうかな？

C：そうだなぁ……実は、悩む方が誠実なのかも。

〈「誠実な生き方」についての考えを深める時間〉

T：このお話から、「誠実な生き方」についてどう考えましたか？

C：「うそをつかない＋後で後悔しない選択」をする生き方。

T：うそをつかないって、誰に対して？

C：目の前の人と、自分に対して。自分の選んだ道に後悔しないってこと。

C：自分で、自力で、階段を上るってこと。

T：「階段を上る」って、どういうことかな？

C：自分の力でチャンスをつかむってこと。たまたま呼ばれて大劇場で手品をするのではなく、チャンスは自分でつくっていくってこと。

T：では、振り返りに「誠実な生き方」について書きましょう。

〈振り返りをノートに書く〉

子どもの声を生かして対話を進める

今日の授業、めちゃくちゃ子どもたちが生き生きとしていました！

私がいいなと思ったのは、子どもたちが自分から考えたいことを出していたところです！

教材を読んだ後は、通常は、感想を話し合うところから対話をスタートさせているよ。
このときには、いきなり「自分だったらどっちに行くか考えたいです！」という熱量のある声が上がり、他の子も「そうしたい」という様子だったんだよね。今日はここから始めてみようという直感が働きました。
→★関連ページCHAPTER 3 - 5、3 - 6

とは言え、教材研究もしていたんですよね？
発問を変更したってことですか？

子どもの中から、「どっちに行くの？」という考えが出るのは自然なことなので、予想はしていたよ。教え込むという意識でやっていないので、臨機応変に対応した感じかな。
→★関連ページCHAPTER 1 - 3

導入で聞いたことを生かして問い返す

 子どもたちが対話を通して、思考が深まっていく様子がよかったなぁ。

 他にもどんな技が隠れていたのか知りたいです！

問い返し発問をする際に「導入で聞いたことを生かす」ということをやっていたよ。
導入で、「二択だとすぐに選べる」という意見が出てきたんだよね。これはチャンスだと思ったなぁ。学習した後に、もう一度問うと考えが変わるだろうなって予想できたからね。導入を生かさない手はないよ。
　　　　　　　→★関連ページCHAPTER 2 − 4

 対話全体を通して気をつけていたことは、何でしょうか？

後は、子どもたちの意見をつなぐということを意識していたね。6年生ともなると、自分たちで話し合う力があるからね！
　　　　　　　→★関連ページCHAPTER 4 − 7

ADVICE!

臨機応変に対応できるのは、教材研究があったからです。教材研究を生かしながら、「子どもと一緒につくる」イメージで授業に臨んでください！

教師が楽しむことが最大のコツ

　映画館で映画を観ることは好きですか。私は、映画館で映画を観ることが大好きです。大きいスクリーン、重厚感のあるサウンド、ほのかに香るポップコーンの匂い。その一つ一つが私を幸福感に浸らせてくれます。

　素敵な映画を観た後には、誰かに熱く語りたくなるものです。

　「いやぁ、今日の映画楽しかった！　この場面はね……この女優さんがね……」

　楽しかったものを語るときには、つい熱が入ってしまうものです。

　そして、熱の入った語りを聞くと、「うわぁ、私も観たいなぁ」ってなりませんか。

　授業も同じです。まずは、教師自身が授業を楽しむことが大切です。私は教材研究をした後、「早く、明日の授業が来ないかなぁ」とワクワクします。子どもたちはどんな反応をするのだろう。私が思ってもみない考えが出るのかなと楽しみで仕方ありません。

　こういう反応は、授業中にも出てきます。「へぇ〜！　それってどういうこと？」「それは考えもしなかったなぁ！」と、楽しくなってくるのです。すると、子どもたちも自然と引き込まれていきます。

　先日、私が授業をしている5年生と6年生にアンケートを実施しました。「道徳の授業が好きですか？」の質問に対して、5年生70人中91%、6年生101人中89%が「好き」と答えていました。

　これは、私が授業を楽しんでいる姿が子どもたちに伝わったからだと思います。みなさんも、ぜひ授業を楽しんでください。あなたが授業を楽しむ気持ちは、子どもたちに必ず伝わっていきますから。

参考文献

- 『小学校学習指導要領(平成29年告示)解説　特別の教科　道徳編』文部科学省
- 「はしの　うえの　おおかみ」『しょうがく　どうとく　いきるちから　1年生』日本文教出版
- 「二わの　ことり」『しょうがく　どうとく　いきるちから　1年生』日本文教出版
- 「七つの　星」『小学　どうとく　生きる力　2年生』日本文教出版
- 「まどガラスと魚」『小学　どうとく　生きる力　3年生』日本文教出版
- 「絵はがきと切手」『小学道徳　生きる力　4年生』日本文教出版
- 「雨のバスていりゅう所で」『小学道徳　生きる力　4年生』日本文教出版
- 「ひとふみ十年」『小学道徳　生きる力　5年生』日本文教出版
- 「母さんの歌」『小学道徳　生きる力　5年生』日本文教出版
- 「うばわれた自由」『小学道徳　生きる力　5年生』日本文教出版
- 「手品師」『小学道徳　生きる力　6年生』日本文教出版

あとがき

　名残惜しいですが、本書もいよいよ終わりを迎えてしまいます。執筆していて、こんなにも愛着が湧いてきているのは、本書の中に「まなと先生」「みちこ先生」という後輩の存在があったからでしょうか。

　先輩となった今、私自身が「いい授業ができる」ということも嬉しいのですが、それ以上に後輩の教員から「今日の授業うまくいきました！」と言われる方がより嬉しく感じます。

　さて、ここで二人に本書を通して学んだ感想を語ってもらいましょう。

 道徳の授業って難しいって考えていたけど、やることが少し見えてきた感じがします。やったことがない方法がたくさんあったのでやってみます！

こんなにも楽しい授業があったんだなって思いました。授業が楽しいと子どもたちが生き生きしてくるんだなってあらためて思いました！

　二人の後輩は、とても頼もしく成長してくれました。あなたは、本書を読んでみてどのような感想をもたれたでしょうか。

　授業の技術や考え方は、一度学んだだけでは、授業の中で再現するのは難しいと思うので、本書を何度も読み返し、授業の中で試すことをおすすめします。

最後に、私からみなさんへメッセージをお送りします。

　授業に「100点の授業」は存在しません。自分で、「とてもいい授業ができた！」と思っていても、子どもたちが同じように感じているとは限らないからです。また、ある子に響いていても、別の子には全然響いていないということもあるかもしれません。

　でもね。逆に考えてみてください。授業を通して誰か一人にでも心に火を灯せたのなら、それで十分なんですよ。
　道徳科の授業は、年間35時間（1年生のみ34時間）あります。その1時間1時間で少しずつ学びの火を灯していくことができたらいいのです。

　そのためには、チャレンジすることが大切です。本書の中でも述べているように、指導書を活用するのは大いに賛成です。ですが、そこから自分なりにアレンジして、いろいろ試していくことが重要です。指導書通りに授業をして、心に響く子もいることでしょう。そこから、あなたがアレンジした授業で心に響く子もいることでしょう。
　つまり、いろいろな方法を試せば試すほど、いろいろな子の心に火を灯せる可能性が高まるのです。

　と、カッコつけてメッセージを書いてみましたが、単純にいろいろな方法を試すのはおもしろいですし、ぜひ授業を楽しんでほしいと思っています。もし、「どんなふうに授業をすればいいんだっけ」と悩んだら、また本書を開いて読み返してみてください。きっと、新たな発見があるはずです。

　2025年2月

森岡　健太

●著者紹介

森岡 健太 （もりおか けんた）

1987年生まれ。京都市の公立小学校教諭。神戸大学発達科学部および京都連合教職大学院卒。日本道徳教育学会所属。

初任校での道徳科の公開授業失敗をきっかけに、道徳科の研究に目覚め、市の道徳教育研究会に参加する。10年以上にわたり道徳科の授業づくりを研究し、現在は他校へのアドバイザーとして助言を行うことも多い。道徳科のオンライン模擬授業を通じた交流を目的に運営するオープンチャット「Twitter道徳部」は参加者が500名を超えている。

〈主な著書〉

・『おもしろすぎて授業したくなる道徳図解』（明治図書、2021年）
・『森岡健太の道徳教材研究ノート』（明治図書、2023年）
・『森岡健太の道徳板書』（明治図書、2024年）
・『小学道徳 生きる力 教科書・指導書をフル活用!! 子どもが生き生きとする道徳授業をつくる』（日本文教出版、2024年）

他、単著、共著多数。

教師1年目からうまくいく！ 道徳授業の教科書

2025年3月18日 初版発行

著者	森岡健太（もりおかけんた）
ブックデザイン	吉田香織（CAO）
発行者	佐久間重嘉
発行所	株式会社 学陽書房 東京都千代田区飯田橋1-9-3 〒102-0072 営業部 TEL03-3261-1111 FAX03-5211-3300 編集部 TEL03-3261-1112 FAX03-5211-3301 https://www.gakuyo.co.jp/
DTP制作	越海編集デザイン
印刷	加藤文明社
製本	東京美術紙工

©Kenta Morioka 2025, Printed in Japan
ISBN978-4-313-65529-4 C0037

読み書きが得意になる！
対話力がアップする！
国語あそび101

三好真史 著
◎ A5判140頁　定価2090円（10％税込）

「もっと書きたい」「もっと読みたい」「もっと
話し合いたい」……子どもが夢中になって
言葉の世界をグングン広げていくことがで
きるあそび集。お馴染みのしりとりや辞書
を使ったゲーム、作文ゲーム、話し合いゲ
ームなど、楽しく取り組みながら国語が大
好きな子どもを育む一冊です

意見が飛び交う！
体験から学べる！
道徳あそび101

三好真史 著
◎ A5判132頁　定価＝2090円（10％税込）

「特別の教科　道徳」の授業にそのまま取
り入れられて、深い学びと成長が引き出せ
る「あそび」を精選！　各あそびのねらい
は学習指導要領の項目に対応し、あそびを
通して体験的に学ぶことで、考えを深めな
がら道徳的成長が育めます！

小学1年生が
なぜか言うことをきいてしまう
教師の言葉かけ

丸岡慎弥 著
◎ A5判144頁　定価1980円（10%税込）

幼保小接続問題や不適応行動の対応など、小学校教育の中でも特別といわれる1年生。日頃から指導に自信がもてずに課題を抱えている教師に向けて、効果的かつ成長を引き出す「言葉かけ」を中心に、現場で役立つ指導のヒントや具体的アドバイスなどを実践例とともに紹介！

2・3・4年生が
なぜか言うことをきいてしまう
教師の言葉かけ

丸岡慎弥 著
◎ A5判136頁　定価1980円（10%税込）

1年生から高学年までの橋渡しとなる「要の学年」ともいわれる2・3・4年生の子どもたち。小学生の指導の中でも、昨今はとくにやんちゃ過ぎて手を焼くばかりという悩みの声もある中、この3学年のそれぞれの成長を丁寧にとらえ、ステップアップ式に言葉かけを通して指導していく方法やその押さえどころが詰まった一冊！

高学年児童が
なぜか言うことをきいてしまう
教師の言葉かけ

丸岡慎弥 著
◎ A5判136頁　定価1980円（10%税込）

もっとも難度が高いといわれる高学年児童への「言葉かけ」を場面別にまとめた指導書。言葉のかけ方やそのフレーズの紹介に留まらず、高学年児童との距離のとり方、また、ほめ方や叱り方、ちょっとした注意の仕方など、現場で日々遭遇しがちな多くの場面を想定したポイントをフォロー！

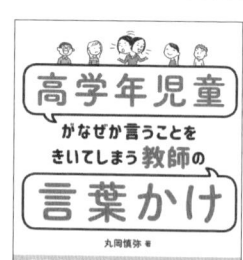